공부 머리를 깨우는 부모의 습관
(공부 잘하는 뇌로 키우는 초간단 뇌과학)

[최소한의 교양플러스+®] 시리즈 No.01

지은이 | 박기복
발행인 | 김경아

2025년 7월 10일 1판 1쇄 인쇄
2025년 7월 17일 1판 1쇄 발행

이 책을 만든 사람들

기획 | 홍종남
북 디자인 | 김효정
출판 마케팅 | 김경아
교정 교열 | 이흥림
교정 도움 | 조아람
경영 지원 | 홍종남
제목 | 구산책이름연구소

종이 및 인쇄 제작 파트너
JPC 정동수 대표, 천일문화사 유재상 실장

펴낸곳 | 행복한미래
출판등록 | 2011년 4월 5일. 제 399-2011-000013호
주소 | 경기도 남양주시 도농로 34, 301동 301호(다산동, 플루리움)
전화 | 02-337-8958   팩스 | 031-556-8951
홈페이지 | www.bookeditor.co.kr
도서 문의(출판사 e-mail) | ahasaram@hanmail.net
내용 문의(지은이 e-mail) | sioobook@gmail.com
※ 이 책을 읽다가 궁금한 점이 있을 때는 지은이 이메일을 이용해 주세요.

ⓒ 박기복, 2025
ISBN 979-11-86463-76-5 (03370)
〈행복한미래〉 도서번호 : 107

※ [최소한의 교양플러스+®] 시리즈는 〈행복한미래〉 출판사의 실용서 브랜드입니다.
※ 이 책은 신저작권법에 의거해 한국 내에서 보호를 받는 저작물이므로 무단 전재 및 복제를 금합니다.

공부머리를
깨우는
부모의 습관

| 박기복 지음 |

행복한미래

차례

프롤로그 | 공부를 못하는 솔직한 이유   8

01. 기억은 생방송이다   17
    : 이야기 기억법

02. 기억은 출력이다   29
    : 인출 단련법

03. 뇌는 운동기관이다   40
    : 운동과 학업능력

04. 잠이 두뇌의 각성제다   49
    : 공부와 수면

05. 뇌는 'T'가 아니라 'F'다   58
    : 느낌과 사고력

06. 뇌는 미래를 산다   69
    : 질문하는 뇌

07. 뇌는 연결해야 작동한다　　　　81

　　: 암기력과 창의성

08. 뇌는 가상 세계에 산다　　　　　95

　　: 언어학습과 패턴

09. 관심이 뇌를 깨운다　　　　　　107

　　: 집중력 향상법

10. 뇌의 먹이는 감각이다　　　　　120

　　: 다중 감각과 제2의 뇌

11. 뇌도 소식해야 한다　　　　　　132

　　: 동기와 꿈

에필로그 | 아침의 뇌를 업그레이드하자　　143

왜 우리 아이는 원하는 만큼 공부를 잘하지 못할까?

혹시 공부 머리가 부족한 건 아닐까?

공부 머리를 업그레이드하는 게 가능할까?

어랏, 뇌과학이 그 방법을 찾아냈대.

그런데 뇌과학은 너무 어렵잖아.

뭐?

이 책이 그 방법을 간단하게 알려준다고?

공부를 못하는 솔직한 이유

아이가 낮은 성적을 받아오면 엄마는(또는 아빠는) 그 아이에게 유전자를 나눠준 배우자를 흘겨보며 질문을 칼처럼 날립니다.

"누굴 닮아서 이럴까?"

괜히 자존심이 긁힌 배우자는 역시 눈을 흘기며 슬쩍 받아칩니다.

"누굴 닮긴……."

차마 내뱉지 못하고 생략한 뒷말은 눈빛으로 대신합니다.

예전에는 공부를 못하는 자녀를 보며 부부끼리 이런 대화를 나누는 가정이 꽤 많았습니다. 요즘 가정에서는 이런 식의 대화는 잘 안 하죠. 상대의 지능을 문제 삼는 공격은 부부 사이에 바람직하지 않다는 인식이 자리 잡혔기 때문이기도 하지만, 타고난 지능이 조금 부족하더라도 열심히 노력하면 충분히 높은 성적을 받을 수 있다는 믿음이 확산했기 때문입니다.

'노력은 배신하지 않는다.'
'실패한 인간이 꼭 재능 탓을 한다.'

'공부는 엉덩이로 한다.'

노력은 중요합니다. 게으름이 큰 성취로 이어지긴 어렵죠. 그러나 노력과 결과가 꼭 정비례하는 것은 아닙니다. 아무리 노력해도 기대만큼 좋은 결과가 나오지 않는 사례는 주위에서 쉽게 발견할 수 있습니다. 반면, 별로 노력하지 않았는데도 월등한 성취를 거두는 경우도 참 많지요. 학교 시험이든 사회생활이든 노력이 중요하긴 하지만 노력이 모든 걸 결정하지는 않습니다.

학교와 학원에서 본 모든 시험에서 3년 동안 틀린 문제가 10개밖에 안 되는 A라는 학생을 가르친 적이 있었습니다. 10문제밖에 틀리지 않았기에 A는 자신이 틀린 문제를 모두 기억하고 있었습니다. A는 어느 한 과목에서 한 문제를 틀리면 그다음에는 그 과목을 두 배로 공부할 만큼 성실했습니다. 수업 태도도 아주 좋았습니다.
어느 날, 수업에서 A가 유난히 집중하지 않고 친구와 장난을 쳤습니다. 아무래도 선행학습을 통해 이미 알고 있던 지식을 설명하니, 귀담아듣지 않는 듯했습니다. 태도를 지적하려다 그만두고 일부러 수업에 변형을 가했습니다. 교재에 나온 내용은 간략하게 설명하고, 곁가지로 뻗어나가서 방대한 지식을 마구 쏟아냈습니다. 학교 교육 과정과는 아무런 관련이 없고, 상당히 전문적인 지식이어서 A가 미리 접했을 가능성은 거의 없었습니다. 일부러 제 나름의 해석까지 곁들였습니다. 그 와중에도 A는 장난을 멈추지 않았습니다. 평소에는 강의를 마무리하며 핵심을 정리해 주는데, 그날은 일부러 생략해 버렸습니다. 수업을 마무리할 때 보는 쪽지 시험에서 좌절하게 만들려는 속셈이었습니다.

강의를 끝내자마자 곧바로 쪽지 시험을 봤습니다. 제가 설명한 지식 중에서도 강조하지 않아서 흘려들었을 법한 내용을 중심으로 문제를 냈습니다. 집중해서 수업을 들었던 학생들도 정답을 적기가 쉽지 않게 출제했지요. 예상대로 다른 학생들의 점수는 평소보다 크게 낮았습니다. 저는 A도 꽤 많이 틀렸을 거라 기대하며 채점했습니다. 하지만 A가 받은 점수는 제 예상을 벗어났습니다. 늘 그랬듯이 만점이었습니다. 믿기지 않아서, 시험에서 다루지 않은 사항도 기억하고 있는지 추가로 꼬치꼬치 질문해 보았습니다. 놀랍게도 A는 스치듯 언급했던 말들조차 다 기억하고 있었습니다. A에게 성실함의 중요성을 알려주려던 제 계획은 실패했고, 두뇌의 뛰어남만 확인하고 말았지요.

B는 무척 게으릅니다. 학교에서 수업을 거의 듣지 않는 학생으로도 유명했습니다. 영어와 수학 학원을 다니긴 하지만, 남지 않으려고 숙제만 겨우 해 가는 정도였습니다. 시험 기간이 되면 내내 놀다가 3~4일 정도만 대충 공부하고 시험을 치렀습니다. 남들처럼 밤을 지새우며 벼락치기를 하지도 않았습니다. 그런데 시험을 보면 늘 전교에서 세 손가락 안에 드는 성적을 거두었습니다. 특별한 공부법이라도 있는지 확인했지만 공부법은 평범했습니다. 납득이 되지 않아 붙잡고 물어봤더니 B는 이렇게 말했습니다.

"한두 번 보면 그냥 다 기억나고, 이해가 돼요."

B는 학원에 가기 몇 분 전에 영어 단어를 쓱 훑어보기만 해도 전부 암기가 된다고 했습니다. 수학 문제도 한 번 설명을 들으면 개념이 이해되고, 대표 유형을 풀고 나면 심화 문제도 어떻게 풀어야 하는지 보인답니다. A가 뛰어난 학습 능력에 성실함까지 갖춘 학생이라면, B는 차원이 다른 기억력과 이해력을 갖춘 비범한 학생이었습

니다.

A와 B 정도는 아니더라도 주변에서 탁월한 학습 능력을 지닌 학생을 발견하는 것은 어렵지 않습니다. 그런 학생들을 접할 때마다 의문이 듭니다.

'뇌의 능력이 조금 부족한 학생이 열심히 노력하면 A와 B 같은 학생과 대등하게 경쟁할 수 있을까?'

B처럼 게으르면 비벼볼 만하다는 생각이 들 수 있지만, A처럼 탁월한데 성실하기까지 한 학생은 말 그대로 '넘을 수 없는 4차원의 벽'(넘사벽)처럼 느껴집니다.

우리는 공부와 관련해 솔직해져야 합니다. 노력은 과대 평가되었습니다. 평범한 아이가 아무리 노력한다고 해도 뛰어난 학습 능력을 갖춘 학생과 대등하게 경쟁하는 것은 쉽지 않습니다.

노력의 중요성을 깎아내릴 생각은 없습니다. 그러나 노력의 효과를 지나치게 과장해서도 안 됩니다. 학습 능력의 밑바탕이 되는 '공부 머리'가 부족하면 아무리 노력해도 기대한 만큼 성과가 나오지 않습니다. 과학적으로 증명하지 않더라도, 우리는 이러한 사실을 경험으로 너무나 잘 알고 있습니다. 더구나 노력하는 힘 자체도 '공부 머리'를 이루는 하나의 재능이기에, 학습 능력이 뛰어난 학생은 앞서 거론한 A처럼 성실한 경우가 대부분입니다.

이렇게 말하면 좌절감에 빠지는 부모나 학생이 많을 듯합니다. 어차피 두뇌는 내 의지와 무관하게 타고나는 것이라고 믿기 때문이지요. 선천적으로 결정된 두뇌의 능력이 공부 실력을 좌우한다면 마치 사주팔자로 운명이 결정된다고 믿을 때처럼 절망감과 무기력에 빠질 수 있습니다.

분명히 두뇌는 타고나는 면이 있습니다. 굳이 엄밀한 과학적 증거를 대지 않아도, 타고난 두뇌 능력을 확인할 수 있는 사례는 주위에 비일비재합니다. 그런데 다행스럽게도 뇌과학에 따르면 두뇌의 학업능력은 선천적으로 결정되는 것만은 아니라고 합니다. 후천적인 양육을 통해서 더욱 향상되기도 하고, 잠재력이 소멸하기도 하며, 취향이나 장점이 결정되기도 한다는 것입니다.

운동을 잘하려면 신체 능력이 좋아야 합니다. 타고난 신체 조건,

강한 근력, 유연성 등이 뛰어나야 좋은 선수가 될 수 있습니다. 공부도 마찬가지입니다. 공부를 잘하려면 공부를 잘할 수 있는 기초 능력을 잘 갖추어야 합니다. 그 기초 능력이 바로 '공부 머리'입니다.

근력이 제대로 갖추어지지 않은 선수는 기술을 아무리 열심히 익혀도 그 기술을 제대로 쓸 수 없습니다. 그런 선수는 기술을 갈고닦는 노력이 아니라 기초적인 신체 능력을 만드는 훈련부터 해야 합니다. '공부 머리'를 갖추지 않은 학생에게 공부만 시키는 것은 신체 능력이 갖춰지지 않은 운동선수에게 기술을 익히라고 다그치는 것과 같습니다. 공부 머리가 활성화되지 않은 학생에게는 다짜고짜 공부하라고 다그칠 것이 아니라 잠자는 '공부 머리'부터 깨워야 합니다.

인간은 사회적인 동물입니다. 선천적인 성향을 지니고 태어나지만, 사회 속에서 나고 자라기 때문에 사회의 영향을 진하게 받습니다. 인간의 본질을 정확히 짚은 이 탁월한 명제는 '공부 머리'에도 적용됩니다. 인간은 생물학적으로 매우 뛰어난 잠재력을 지닌 두뇌를 보유한 채 태어나지만, 두뇌의 능력은 사회적인 영향을 받아서 결정됩니다. 듣지도, 보지도, 말하지도 못하는 3중 장애에 갇혀 지내던 헬렌 켈러는 좋은 선생님을 만나 전혀 다른 사람이 됩니다. 어린 시절의 공부 머리는 특별한 것이 없었지만, 헬렌 켈러는 좋은 교육과 돌봄 속에서 보통 사람보다 훨씬 뛰어난 두뇌를 갖춘 인물로 성장했습니다.

이 책의 주된 목적은 뇌과학이 밝혀낸 원리를 이용해 공부 머리를 깨우는 방법을 소개하는 것입니다. 따라서 복잡하고 어려운 뇌과학 지식은 핵심만 간략하게 요약하고, 일상에서 실천할 수 있는 초간단 활용법을 제시하는 데 초점을 맞췄습니다.

뇌는 죽는 그 순간까지 학습하는 기관입니다. 학습은 뇌의 본성입니다. 잘못된 공부 문화와 교육 탓에 제대로 발휘되지 못한 뇌의 잠재력을 깨우면, 누구나 놀라운 능력을 발휘할 수 있습니다. 인간은 누구나 천재가 될 가능성이 있는 뇌를 타고났으며, 당신의 아이도 예외는 아닙니다.

기억은 생방송이다

: 이야기 기억법 :

친구들과 맛집에 와서 사진을 찍습니다. 색으로 맛을 담아낸 사진이 휴대폰에 저장됩니다. 아이가 놀이터에서 귀엽게 노는 모습을 영상으로 찍습니다. 아이의 웃음과 행복이 영상으로 휴대폰에 저장됩니다.

시간이 흐른 뒤 휴대폰을 확인합니다. 친구들과 찍었던 사진을 봅니다. 친구들과 먹었던 음식 맛이 기억나고 그 순간의 즐거움이 되살아납니다. 아이를 촬영한 영상을 봅니다. 아이의 웃음과 몸짓이 재생되고, 나도 모르게 기분이 좋아집니다. 사진과 영상이 시간을 건너뛰어 그때의 경험을 되살려냅니다.

기억은 휴대폰에 저장된 사진이나 영상처럼 과거의 경험을 현재에 되살려냅니다. 기억이 없다면 인간에게는 추억도 없고, 학습도 불가능하며, 미래를 계획하지도 못합니다. 기억으로 인해 인간은 인간답게 살아갑니다.

언뜻 생각하면 두뇌에 어떤 기억을 담아두는 저장고가 있어서 필요할 때 끄집어내는 듯합니다. 그러니까 휴대폰에 사진과 영상을 저장하듯이 두뇌도 과거에 겪었던 경험이나 공부했던 지식을 저장해 두었다가 필요할 때 꺼내서 쓰는 것 같습니다. 그러나 일부 기억만 그렇게 작동하고, 대부분의 기억은 그런 방식으로 작동하지 않습니다.

부모는 10대인 자녀에게 종종 "학교 다닐 때가 좋았어.", "공부할 때가 좋은 거야." 하는 식으로 말합니다. 공부하기 힘들어하고, 숙제에 시달리고, 학원에 지친 아이들을 설득하려고 하는 말입니다. 어쩌면 위로하려고 하는 말일 수도 있지요. 그런데 정말 그럴까요? 정말 그때가 좋았나요?

아침 일찍 일어나 잠이 부족한 상태에서 학교에 가고, 학교를 마친 뒤에는 학원에 가고, 온갖 숙제와 시험에 시달리며, 저녁 늦게까지 쉬지도 못하고, 토요일과 일요일에도 공부에서 벗어나지 못하는 10대 청소년의 삶이 진정으로 좋게 기억되시나요? 다시 그 시절로 돌아가서 학업과 입시 경쟁을 치르고 싶나요?

기억은 늘 현재다

사실이 아닌데도 부모는 '그때가 좋았다'고 생각합니다. 그 이유는 바로 기억을 왜곡하기 때문입니다. 그때 그 시절 그대로가 아니라, 지금 나의 상태와 경험을 바탕으로 과거를 재해석하기 때문입니다. 그러니까 기억은 있는 그대로 저장된 과거가 아니라 현재의 내 상태에서 다시 만들어진 과거입니다. 있는 그대로 기억 속에 존재하는 과거는 없습니다. 어느 시점에서는 몹시 싫었던 기억이, 시간이 흐른 뒤에는 전혀 다른 빛깔의 기억이 되기도 합니다. 끔찍하게 고통을 유발했던 기억이 시간이 흐르면서 그냥 그렇고 그런 기억이 되기도 하지요.

우리는 기억을 해석할 뿐 아니라 때로는 사실 자체를 다르게 기억하기도 합니다. 심리학 실험을 다룬 책들을 읽어보면 보지 않은 장면을 보았다고 하거나, 일어난 적도 없는 사건을 일어났다고 기억하는 사례가 자주 나옵니다. 어릴 때 마트나 놀이공원에서 엄마를 잃어버린 적이 있다는 이야기를 반복해서 들으면 그런 경험이 없어도 있었던 것처럼 기억하기도 하고, 거짓 기억을 진짜 기억으로 믿고 법정에 나와 증언하는 사례도 있습니다. 이런 사례들이 말해주듯, 기억은 새롭게 재구성된다는 사실이 오랫동안 다양한 방식으로 이루어진 심리학 실험을 통해 밝혀졌습니다.

그런데 뇌과학에 따르면, 그런 기억의 재구성은 특별한 상황에서 벌어지는 독특한 현상이 아니라 일반적인 기억 방식이라는 것입니다. 휴대폰에 저장해 놓은 파일과 같은 방식으로 작동하는 기억도 일부 있지만, 대부분의 기억은 현재의 시점에서 늘 재구성된다고 합니다. 즉 대부분의 기억은 지금, 이 순간에 늘 새롭게 탄생합니다. 그러므로 기억은 '과거'가 아니라 '현재'입니다. 기억은 녹화방송이 아니라 생방송입니다.

기억이 생방송이라는 말은 '기억은 이야기'라는 뜻입니다. 그것도 끊임없이 새롭게 만들어지는 이야기인 것이지요. 과거의 일부가 파일처럼 저장되어 있다가 자극이 가해지면 이야기가 되어 다시 살아납니다. 이야기로 만들어내지 못하면 저장된 기억은 조각조각 쪼개져 있다가 점점 희미해져서 뇌의 깊은 어둠 속에 묻혀버립니다. 하지만 이야기로 빚어진 기억은 강력하게 유지되면서 끊임없이 현재의 기억으로 되살아납니다.

사진, 영상, 문자 형태로 저장되는 기억은 저장 용량에 한계가 있습니다. 그러나 이야기로 저장되는 기억에는 저장 용량의 한계가 없습니다. 왜냐하면 이야기는 무한대로 계속 생성할 수 있기 때문입니다.

공부 머리와 이야기

공부를 잘하려면 기억력이 뛰어나야 합니다. 기억력이 부족하면 학습을 제대로 해내지 못하고, 많은 지식을 암기하기 힘들며, 개념이나 원리를 이해하기도 어렵습니다. 그런데 기억은 '이야기'이므로, 공부 머리의 능력치를 키우는 핵심 열쇠는 '이야기'입니다.

인간은 많이 해본 것은 잘하고, 몇 번 하지 않은 것은 잘하지 못합니다. 훈련이란 반복을 통해 몸이 익숙해지게 만드는 과정입니다. 따라서 두뇌가 '이야기'로 과거를 기억한다면, 연습을 통해 두뇌가 이야기를 더욱 잘 사용할 수 있게 자극해야 합니다.

문자도 기록장치도 없던 그 옛날, 모닥불 주변에 모여 앉아 어른들은 아이들에게 이야기를 들려주었습니다. 하늘, 별, 동물, 역사, 사냥, 날씨 등 인간으로서 살아가는 데 필요한 수만 가지 지식이 이야기라는 형태를 통해 윗세대에서 아랫세대로 전해졌습니다.

이처럼 인간의 기억은 태초부터 이야기를 먹고 자라났습니다. 그래서 자라나는 아이들의 기억력을 키우기 위해서는 이야기를 많이 들려주고, 읽게 해야 합니다. 그림책, 동화책, 소설을 많이 읽어주고, 읽게 해야 합니다. 돌고래를 타고 바다를 여행하고, 빗자루를 들고 우주로 가고, 화장실 안에서 낯선 요정 친구를 만나는 등 온갖 이야기를 만나게 해야 합니다. 이야기에 푹 빠져 지낸 아이는 공부 머리가 자연스럽게 훈련되면서 더 빠르고 효율적으로 이야기 기억장치를 사용하는 힘이 길러집니다.

책을 많이 읽은 아이가 똑똑한 이유는 단순히 책 속의 지식을 많이 습득했기 때문이 아닙니다. 책이 이야기이기 때문에 책을 많이 읽으면 공부 머리가 단련되어 똑똑해지는 것입니다. 이야기라고 하니 소설이나 동화만 떠올릴지 모르겠지만, 그렇지는 않습니다. 지식을 담은 책도 하나의 이야기입니다.

이야기의 본질은 '맥락'입니다. 그럴듯한 흐름으로 자연스럽게, 앞뒤가 맞게 이어지는 것이 맥락이며 한 권의 책은 처음부터 끝까지 맥락에 맞게 흘러갑니다. 어떤 주장을 담은 글도 일정한 흐름으로 이어진다는 점에서 보면 이야기라고 할 수 있습니다. 주장을 할 때는 타당한 근거로 뒷받침해야 하고, 근거는 주장과 맥락이 자연스럽게 이어져야 합니다. 그럴 때만 설득력이 있지요. 논리적으로 타당하게 흐름이 이어지지 않으면 '맥락'이 이상해지고, 설득력을 잃게 됩니다. 어떤 지식을 길게 설명하는 글을 읽고 그 흐름을 따라서 기억하고 받아들이는 연습이 되면 당연히 기억력도 좋아집니다.

요즘 아이들은 짧은 영상을 즐겨 봅니다. 짧은 영상은 호흡이 짧습니다. 짧은 영상을 보는 데 익숙해지면 긴 영상의 흐름을 따라가기가 힘들어집니다. 긴 영상을 받아들이려면 높은 수준의 인내력과 맥락을 이해하는 논리력, 앞의 이야기를 잊지 않는 기억력이 필요합니다. 하지만 짧은 영상에만 길든 아이는 인내력, 논리력, 기억력이 부족해서 긴 영상을 제대로 이해하지 못합니다. 영상도 그런데, 두꺼운 책은 더더욱 받아들이기 힘들겠지요.

인공지능 개발의 기반이 되는 것이 LLM(거대언어모델)입니다. LLM은 엄청난 양의 데이터를 인공지능에게 학습시키는 방식입니다. 그런데 현재의 인공지능은 어떤 분야에서는 엄청나게 똑똑하지만 어떤 면에서는 지독하게 멍청합니다. 인간 중에서 최고로 뛰어난 집단과 비슷한 능력을 보여줄 때도 있고, 보통의 인간이면 절대 하지 않을 멍청한 답변을 하기도 합니다. 멍청한 답변을 하는 경우를 분석해 보면 인공지능이 장기적인 문맥을 잘 기억하지 못해서 벌어지는 경우가 많다고 합니다. 그런데 인공지능을 학습시킬 때 엄청난 양의 데이터를 주입하는 방식이 아니라, 체계적인 맥락을 갖춘 책을 대량으로 학습시키는 방법을 사용하면 바보 같은 답변을 하는 문제가 해결된다고 합니다. 그러니까 인공지능도 좋은 책으로 학습하면 맥락 기억이 향상되고, 훨씬 뛰어난 성능을 발휘한다는 것입니다.

책을 읽으면 길게 이어지는 맥락을 받아들이고, 해석하고, 이해하는 훈련을 자연스럽게 하게 됩니다. 맥락을 따라가면서 사건과 지식을 받아들이고, 감정이 일어나며, 해석하고 생각하는 연습도 자연히 이루어집니다. 요즘에는 올바른 독서법을 알려주는 책들이 많은데, 핵심은 '기억하며 읽기'입니다. 지금 읽는 내용을 기억하려고 집중하는 태도만 유지한다면 자연스럽게 올바른 독서가 이루어집니다.

그러나 내용을 기억하지 못한다고 해도 그리 문제가 되지는 않습니다. 책을 읽는 행위는 그 자체로 뇌의 작동 방식에 정확하게 부합하므로, 읽는 순간 푹 빠져서 읽었다면 그걸로 충분합니다. 독서는 '공부 머리'를 단련하는 최고의 방법입니다.

이야기 학습법

대한민국 학생들이 가장 많이 투자하는 과목이 수학이지만, 노력한 만큼 점수가 나오지 않는 경우가 많습니다. 왜일까요?

현재 학생들이 익히는 수학 공부에는 맥락이 없습니다. 왜 배우는지도 모르는 낯선 개념을 접하고, 대표 유형을 푼 뒤에 유형을 훈련하는 문제를 풀고, 심화로 넘어갑니다. 즉 개념과 문제의 맥락을 전혀 습득하지 못한 채 그냥 머리에 집어넣는 방식으로 공부합니다. 두뇌는 맥락을 기억하는 데 익숙한 기관인데, 맥락을 제거하고 개념과 유형을 억지로 저장하려고만 하니 수학 지식이 뇌에 오래 기억될 리 없습니다.

학생들은 영어 학원에 다니면서 영어 단어를 외우는 숙제를 반복합니다. 어떤 아이들은 쉽게 외우지만, 어떤 아이들은 단어 암기에 무척 애를 먹습니다. 단어 암기가 어려워서 영어 공부를 싫어하게 되는 아이들도 많습니다. 그런데 영어 단어는 왜 그렇게 외우기 힘들까요?

대표적인 이유는 바로 '맥락' 없이 무조건 외우기 때문입니다. 학생들 대부분은 맥락 없이 외워야 하는 단어 암기를 어려워합니다. 앞서 여러 번 강조했듯이 뇌는 '이야기'로 기억합니다. 맥락 없이, 이야기 없이, 그냥 컴퓨터에 저장하듯 입력하는 방식으로 암기하려고 하니 기억하는 데 어려움을 겪는 것이지요.

영어 단어를 암기하다 보면 다른 단어들보다 잘 기억되는 단어들이 있습니다. 어디에선가 한 번쯤 봤던 어휘는 낯선 어휘보다 기억이 잘됩니다. 내가 이미 아는 단어와 연관성이 있는 단어는 그렇지 않은 단어보다 암기가 잘됩니다. 봤던 단어, 연관성이 있는 단어를 떠올리는 것, 이것이 바로 이야기입니다. 그러니까 무작정 외우는 게 아니라 내 경험과 어떤 연관성을 만들어서 기억하면 훨씬 효율적으로 기억할 수 있는 것이지요.

세상에 갓 태어난 아이는 말할 줄 모릅니다. 그러나 '엄마, 아빠, 맘마, 손, 밥' 등의 어휘를 스스로 익힙니다. 양육자가 하는 말을 들으며 점점 언어를 습득합니다. 다양한 사람과 소통하면서 문장을 습득하고, 풍성한 표현을 익힙니다. 어떤 아이도 언어를 배울 때 억지로 암기하지 않습니다. 일상적인 생활에서 맥락에 맞게 사용되는 언어를 접하면서 부드럽게 받아들이는 것이죠.

고립이 아니라 연결, 단순한 연결이 아니라 그럴듯한 연결, 이것이 이야기의 본질입니다. 뇌는 그럴듯한 연결이 되는 사건이나 경험, 지식을 오래도록 기억합니다. 그리고 그 기억을 현재에 끊임없이 불러들여 재생합니다. 공부 머리는 이야기라는 영양분을 먹고 자라는 나무입니다.

그래서 소설(그림책, 동화 포함)을 많이 읽어야 합니다. 인공지능을 학습시키듯이, 어린 시절부터 아이에게 소설을 많이 떠먹여야 합니다.

소설은 그저 즐기고 상상력을 자극하기 위해서 읽는 게 아닙니다. 두뇌의 기억 방식에 가장 어울리는 글의 종류가 바로 소설입니다. 소설을 많이 읽는 것이야말로 공부 머리를 키우는 으뜸 방법입니다.

어려운 지식을 습득하는 공부를 할 때도 이야기 방식으로 정리하면 장기기억으로 잘 정리됩니다. 정보를 무작위로 익히는 것보다 '논리적인 흐름에 따라', '인과관계에 맞춰서', '중심에서 주변으로', '과거에서 현재로', '개념과 원리에서 활용으로'와 같은 방식으로 자기만의 일정한 이야기 구조를 만들어서 익히는 것입니다. 뇌는 이야기로 기억하므로, 지식이 이야기처럼 구성되면 기억이 오래 잊히지 않습니다.

기억은 출력이다

: 인출 단련법 :

연이는 수학을 열심히 공부합니다. 일주일에 가장 많은 시간을 수학에 투자합니다. 수학 학원에서 보내는 시간도 길고, 학원에서 내주는 숙제도 충실히 합니다. 학원에서 보는 시험에서는 노력한 만큼 점수가 나옵니다. 그런데 막상 학교에서 시험을 보면 기대한 만큼 점수를 얻지 못합니다. 연이와 함께 원인을 분석했습니다.

"연산에서 자꾸 실수하는 듯해요."

어떤 연산에서 실수하는지 확인했습니다. 몇 번 연산에서 실수한 사실을 확인했습니다. 하지만 연산 실수가 원인의 전부는 아니었습니다. 연이와 더 얘기해 보아도 다른 원인을 밝혀낼 수는 없었습니다. 얼마 뒤 같은 문제로 연이 엄마와 상의할 기회가 생겼습니다.

"학교에서는 수학 시험을 볼 때 갑자기 머리가 하얘지는 경우가 있다고 하네요."

"왜 하얘진다고 하던가요?"

"모르겠어요."

"긴장한 탓일까요?"

"저도 그런 줄 알았는데 연이 말로는 별로 긴장 안 한대요."

"어떤 때 하얘진다고 하던가요?"

"앞부터 차례대로 풀다가 어느 순간 기억이 꼬이면서 하얘진다고 해요."

"어려운 문제를 만나서 그럴까요?"

"아뇨. 그건 아니에요. 어렵지 않은 문제인데 그렇다고 하네요."

그 정도로 대화를 나누고 나니 연이가 공부한 만큼 성적을 거두지 못한 근본적인 원인이 무엇인지 파악할 수 있었습니다.

　특별한 경우가 아니면 수학을 공부할 때 학생들은 문제집에 실린 순서대로 문제를 풉니다. 그 순서에 따라서 두뇌가 작동합니다. 여러 차례 반복해서 문제를 풀다 보면 자연스럽게 뇌가 그 경로를 따라서 인출하는 습관이 듭니다. 그런데 시험에서는 문제집에 실린 순서대로 문제가 제시되지 않습니다. 실제 공부할 때와 다르게 뒤죽박죽 섞여서 문제가 나옵니다. 순서대로 인출하는 데 익숙한 연이의 두뇌는 예상치 못한 문제 배열에 당황합니다. 인출이 꼬이고, 출력 작용에 문제가 발생합니다.

　따라서 연이가 이런 어려움을 겪지 않으려면 인출 훈련을 다르게 해야 합니다. 문제집에 실린 순서대로 인출하지 말고, 실제 시험처럼 뒤죽박죽 섞어서 인출하는 훈련이 필요합니다. 물론 배열을 마구 섞어서 인출하는 연습을 하면 순서대로 배열된 문제로 인출하려고 할 때보다 단기적으로는 학습 효율이 떨어집니다. 그러나 실제 시험과 같은 방식이기 때문에 시험에서는 훨씬 더 좋은 효과를 발휘합니다.

앞에서 기억은 저장된 파일이 아니라 생방송이라고 했습니다. 생방송은 늘 새롭게 만들어집니다. 대본이 있고 틀이 있지만, 그대로 진행되지는 않습니다. 생방송은 그 순간 늘 새롭게 구성됩니다. 생방송을 하는 사람은 대본의 일부를 참고해 즉석에서 이야기를 만들어갑니다. 초보자는 생방송을 어려워하지만, 훈련을 많이 한 경험자는 생방송도 녹화방송처럼 부드럽게 잘합니다.

기억은 생방송이므로 기억을 잘하려면 자꾸 꺼내는 연습을 해야 합니다. 기억을 불러오는 연습을 하지 않으면 기억은 점점 희미해지다 사라집니다. 기억을 자꾸 불러와서 현재 시점에서 인출하면 기억이 생생해지고, 필요할 때 적절한 기억이 구성되어 떠오릅니다.

인출 단련의 힘

현재 우리나라 학생들은 머리에 집어넣는 공부는 많이 하지만 인출하는 연습은 충분히 하지 못하고 있습니다. 그렇다 보니 인출하는 뇌의 힘이 약해져서 공부한 만큼 성적이 나오지 않는 것입니다.

공부 머리의 능력치를 높이려면 인출하는 힘을 키워야 합니다. 평상시에 입력된 지식과 정보를 자유롭게 인출하는 연습을 많이 해야 합니다.

선생님은 왜 학생보다 더 많이 아는 것처럼 보일까요? 나이가 있으니 공부를 더 오래 해서 많이 안다고 생각하겠지만, 학생들이 공부하는 과목과 범위는 딱히 선생님들이 깊이 알 만한 지식이 아닙니다. 시험이 교과과정의 범위를 벗어나서 나오지도 않고, 선생님들이 교과과정에서 벗어난 지식을 가르치지도 않습니다.

같은 지식을 다루는데도 선생님이 학생들보다 똑똑한 듯 보이는 이유는 하나입니다. 바로 선생님은 가르치고, 학생들은 배우기 때문입니다. 즉 가르치는 행위가 해당하는 지식에 대한 선생님들의 이해를 높이는 것이죠. 가르치는 것은 그 자체로 인출입니다. 선생님들은 두뇌에 담긴 지식을 밖으로 꺼내는 연습을 반복적으로 하면서 자신도 모르게 학생들보다 해당 지식에 대한 이해가 깊어지고, 기억도 잘하게 된 것입니다.

고등학교에서 흔히 하는 프로그램 중에서 '멘토-멘티 맺기'가 있습니다. 공부를 잘하는 친구가 멘토가 되어 자신보다 조금 못한 친구인 멘티를 가르치고 지도하는 프로그램입니다. 흔히 이러면 멘티인 친구만 실력이 향상될 것 같지만, 오히려 멘티보다 가르치는 멘토의 실력이 더 많이 향상됩니다. 배울 때와 달리, 가르치려면 더 깊이 이해해야 합니다. 멘티가 이해하지 못하는 부분이 뭔지 파악하고, 멘티의 수준에 맞게 설명해야 합니다. 그런 고민을 하다 보면 해당 지식에 대한 이해가 깊어질 수밖에 없습니다. 가르치는 것은 최고의 학습법이자 인출 훈련이며, 공부 머리의 능력치를 키우는 비법입니다.

아이들은 어떤 분야에 깊이 빠져들면 계속해서 말하려고 합니다. 공룡에 푹 빠진 아이는 수시로 낯선 공룡의 이름을 늘어놓습니다. 도마뱀에 관심이 생긴 아이는 늘 입에 도마뱀을 달고 지냅니다. 밀리터리 덕후인 아이는 틈만 나면 총, 비행기, 대포, 전쟁 등에 대해서 말하려 합니다. 역사를 좋아하는 아이는 역사와 관련해 자신의 지식을 뽐낼 기회가 생기면 놓치지 않습니다.

이처럼 아는 것을 말하고 싶은 욕구는 두뇌의 자연스러운 특성입니다. 왜냐하면 그렇게 인출하면서 기억이 생생해지고, 자신이 좋아하는 걸 더욱 좋아하게 되기 때문입니다.

인출과 이야기

　강의를 듣거나 책을 읽고 난 뒤에 단편적인 정보나 지식을 확인하는 식의 질문은 인출 능력을 향상하는 데 별로 도움이 되지 않습니다. 앞서 말했듯이 기억의 핵심은 '이야기'이기 때문입니다. 그러니 인출하는 연습도 이야기로 해야 합니다.
　강의를 들었다면 강의 내용을 자기 머리로 쭉 정리해 봐야 합니다. 공책에 적으면서 정리해도 좋고, 말로 떠들어도 좋습니다. 마인드맵이나 그림의 형태로 재구성해서 그려도 좋습니다. 다양한 방식으로 입력된 지식을 맥락에 맞게 구성해서, 즉 이야기의 형태로 인출해 보아야 합니다. 이야기로 인출하기를 반복하면 그 지식도 잘 기억되고, 공부 머리의 인출 능력도 향상됩니다.

　흔히 책을 읽고 나서 독후감을 쓸 때 선생님이나 부모들은 '감상'을 강조합니다. 줄거리를 길게 쓰면 바람직하지 않다고 여깁니다.

그러나 감상을 하려면 '이해'가 우선되어야 합니다. 책을 읽었으면 책 내용을 정확히 파악하는 게 먼저입니다. 소설을 읽었으면 소설의 핵심 줄거리를 스스로 정리할 수 있어야 합니다. 줄거리 파악을 잘해야 감상이 나올 수 있습니다. 그래서 소설을 읽었으면 줄거리를 스스로 말하거나 써봐야 합니다. 지식을 다룬 책을 읽었으면 핵심 내용을 스스로 정리해서 설명할 수 있어야 합니다.

영화나 드라마에서 엄청난 기억력을 보유한 캐릭터들이 흔히 사용하는 기억법 중에 '기억의 궁전'이란 것이 있습니다. 그것은 기억을 특정한 장소와 연결해서 저장하는 기억법입니다. 장소와 연결지어 기억하면 장소를 떠올리기만 해도 그와 연관된 기억이 빠르게 떠오른다고 합니다. 이는 기억을 장소와 엮어서 이야기로 만들었기 때문에 가능합니다.

이런 기억법은 천재들만 가능한 게 아닙니다. 훈련만 하면 누구나 쉽게 사용할 수 있습니다. 기억을 꼭 장소와 연결하지 않아도 됩니다. 마치 해시태그처럼 인출할 수 있는 열쇠만 잘 만들어놓으면 어떤 기억이든 재구성해서 불러낼 수 있습니다.

내 아이를 위한 인출 훈련법

거듭 강조하지만 기억은 인출입니다. 내 아이의 공부 머리를 키우려면 적극적으로 인출하는 습관을 들이도록 해야 합니다. 말하고, 쓰고, 설명하는 과정이 학습 효과를 극대화한다는 사실을 명심해야 합니다.

첫째, 아는 것을 자랑하면 더 자랑할 수 있게 격려하고 놀라움과 궁금증으로 반응해 줍니다.

아이들은 조금만 아는 것이 생겨도 자랑하려고 합니다. 그럴 때면 먼저 놀라워하고, 나중에 궁금한 점을 물어보세요. 놀라워하는 부모의 반응은 아이를 으쓱하게 하고, 부모가 궁금한 점을 물어보면 더 신이 나서 자신이 아는 것을 꺼내놓습니다.

둘째, 책을 읽었으면 내용을 말하게 합니다.

소설을 읽었으면 줄거리를, 지식을 담은 책을 읽었으면 핵심 내용을 말하도록 하세요. 굳이 감상이나 생각을 묻지 않아도 됩니다. 내용 파악이 우선이고, 내용만 파악해도 독서의 목적은 이미 충분히 달성한 것입니다. 아이가 내용을 파악했는지 확인하기 위해 단편적인 지식을 묻는 방식으로 테스트하면 안 됩니다. 중요한 것은 내용을 맥락에 맞게 말할 수 있는지 여부입니다. 맥락에 맞게 말하는 능력이 모자라면 적절한 질문을 던져서 맥락이 잘 이어지게 말할 수 있도록 도와줍니다.

셋째, 강의를 들었으면 강의 내용을 자기 방식으로 정리하도록 합니다.

인강(인터넷강의)을 시청하며 공부하는 학생이 많습니다. 학원 수업도 강의를 듣는 것이 중심입니다. 인강을 시청하고, 학원에서 강의를 열심히 들으면 공부를 부지런히 했다고 믿는 학생들이 많습니다. 강의를 들으면 마치 자신이 이해한 것 같은 착각이 들기 때문입니다. 그러나 집어넣기만 해서는 기억이 제대로 되지 않습니다. 강의에서 접한 지식을 자기식으로 정리한 뒤에야 기억으로 저장됩니다. 스스로 정리하는 과정을 거치지 않으면 아무리 좋은 강의를 들어도 시간이 지나면 기억 속에서 희미해집니다.

넷째, 시험 공부를 할 때는 학습한 지식을 스스로 글이나 그림으로 정리합니다.

강의를 들었을 때와 마찬가지 원리입니다. 시험은 인출을 얼마나 잘하는지 확인하는 과정입니다. 따라서 시험을 잘 보고 싶으면 공부할 때 정확하게 인출하는 연습을 집중해서 해야 합니다. 예를 들어 객관식 문제를 풀 때는 답만 고르지 말고 성실하게 메모하면서 풀고, 조금이라도 모르거나 헷갈리는 사항이 나오면 다시 확인하는 방식으로만 공부해도 성적이 훨씬 잘 나옵니다.

다섯째, 다른 사람을 가르칠 기회가 생기면 적극 활용합니다.

앞서도 강조했지만 선생님이나 멘토는 가르치면서 실력이 늡니다. 가르치는 행위는 최고의 인출 연습이기 때문입니다. 그러니 잘 모르는 친구가 있으면 열심히 가르치라고 말해 주세요. 부모가 학생 역할을 하며 아이에게 배우는 것도 좋은 방법입니다.

기억은 샘물과 같아서 자꾸 꺼내야 마르지 않고 맑은 물이 솟아납니다. 기억의 용량은 무한하고, 선천적으로 타고난 능력을 뛰어넘는 잠재력은 누구에게나 있습니다.

뇌는 운동기관이다
: 운동과 학업능력 :

뇌과학을 공부하다 맨 처음 받은 충격은 "뇌는 생각하는 기관이 아니다."라는 선언이었습니다. 저 문장을 읽는 나의 뇌가 생각하는 기관이 아니면 도대체 뭐라는 것인지 반감이 들었습니다. 이 글을 읽는 여러분의 뇌도 당연히 생각하고 있습니다. 생각할 수 없으면 이 글을 읽을 수도 없지요.

이 글을 쓰는 저도 생각하고 있습니다. 제 머리에 생각이 없다면 이 글을 쓸 수가 없으니까요. 제가 글을 쓰는 노트북도 생각의 결과

물입니다. 노트북뿐 아니라 지금 우리 주변을 둘러싼 수많은 물건도 모두 생각이 빚어낸 창조물입니다. 그런데 뇌가 생각하는 기관이 아니라니, 이런 말도 안 되는 선언이 어디 있을까요?

뇌는 어떤 기관인가?

5억 년 전, 평화로운 바닷속에 사냥하는 생명이 느닷없이 생겨났습니다. 다른 생명을 먹으면 쉽게 영양분을 채울 수 있다는 걸 알아차린 생명들, 바로 포식자입니다. 포식자가 탄생하면서 생명계에서 먹고 먹히는 먹이사슬이 만들어집니다. 포식자는 최대한 효과적으로 먹이를 잡아먹는 방법을 찾았습니다. 먹힐 위험에 처한 약자(피식자)들은 살아남기 위해 가능한 모든 수단을 찾아야 했습니다. 평화로운 바다에 먹고 먹히는 사냥의 세계가 펼쳐지고, 처절한 생존 투쟁이 벌어집니다.

처절한 사냥의 세계에서 살아남으려면 뛰어난 운동능력이 필요했습니다. 재빠르게 쫓아가서 먹고, 재빠르게 도망쳐서 살아남아야 하니까요. 그러나 운동능력이 뛰어나다고 무조건 생존하는 것은 아닙니다. 운동능력이 뛰어난 포식자라도 먹이가 어디 있는지 잘 모르고, 먹이가 어떻게 피하는지 전혀 예측하지 못한다면 제대로 사냥을 할 수 없습니다. 그것은 먹히는 쪽도 마찬가집니다. 아무리 빠르게 피할 수 있는 신체를 갖추어도, 위험이 없는데도 겁을 먹고 도망치는 걸 반복하다 보면 금세 지쳐서 진짜 포식자가 나타났을 때 속절없이 당하게 됩니다.

따라서 사냥의 세계에서 살아남기 위해 가장 중요한 능력은 '예측'입니다. 강한 포식자든 약한 피식자든 마찬가집니다. 적절한 예측을 해야 아주 적은 에너지로 가장 효과적인 성과를 거둘 수 있습니다. 포식자가 예측을 잘하지 못하면 불필요한 움직임이 많아져서 에너지를 낭비하게 되고, 사냥할 체력을 낭비하게 됩니다. 반대로 피식자가 위험을 제대로 예측하지 못하면 포식자의 먹이가 되어 사라지지요.

예측을 위해서는 과거의 경험이 중요합니다. 과거의 경험을 바탕으로 미래를 대비하는 능력을 길러야 합니다. 자기 몸을 최대한 효율적으로 사용하고, 상황과 환경에 맞게 적절하게 움직일 줄 알아야 합니다. 생존을 위해 운동체계를 가성비 좋게 만들어야 합니다. 이러한 필요에 따라 출현한 것이 바로 '뇌'입니다.

  뇌는 생존을 위해서 가성비 좋게 몸을 쓰도록 조절합니다. 예측을 통해 효율적으로 움직이도록 몸을 준비합니다. 그래서 뇌가 하는 가장 중요한 일은 생각이 아니라, 생존에 적합하게 몸을 관리하는 기능입니다. 이것이 바로 "뇌는 생각하는 기관이 아니다."라는 선언에 담긴 핵심 의미입니다.

뇌와 운동의 관계

  생명의 진화 과정뿐 아니라 인류의 진화 과정에서도 뇌의 본질은 변하지 않았습니다. 인류는 지구에 모습을 드러낸 뒤로 수백만 년 동안 사냥과 채집으로 살아왔습니다. 단백질을 얻기 위해서는 반드시 사냥을 해야만 했습니다. 사냥을 위해서는 걷고, 뛰고, 던지고, 때리는 것과 같은 신체활동이 필수였습니다. 사냥보다는 덜하지만 열매와 뿌리를 얻는 채집을 하기 위해서도 끊임없이 몸을 움직여야만 했습니다. 신석기 시대에 접어들어 농사와 목축으로 먹고살게

된 뒤에도 인간은 끊임없이 몸을 쓰는 노동을 해야만 했습니다. 즉, 인간의 출현부터 현대 문명이 나타나기 전까지 인간의 뇌에 주어진 주된 임무는 몸을 통제하고 관리하는 것이었습니다.

우리 몸의 모든 기관은 계속 쓰면 기능이 향상되지만 안 쓰면 퇴화합니다. 안 쓰는 기관을 굳이 유지할 이유가 없기 때문이지요. 뇌는 몸을 잘 쓰기 위해 탄생했고, 몸을 쓰면서 인간의 뇌가 발전해 왔기 때문에, 운동을 제대로 하지 않으면 뇌가 퇴화합니다. 그런데 요즘 사람들은 몸을 잘 쓰지 않습니다. 운동도 잘 안 하지요. 특히 아이들은 어릴 때부터 미래를 대비해 공부한다면서 의자에 가만히 앉아 있는 시간이 깁니다. 뇌는 몸을 쓰기 위해 존재하는데, 몸을 쓰지 않으니 뇌는 쓸모가 없어집니다. 쓸모없어진 뇌는 그 기능이 퇴화할 수밖에 없습니다.

뇌와 운동의 관계를 설명할 때 많이 거론하는 것이 BDNF(Brain-Derived Neurotrophic Factor)라는 '뇌 유래 신경영양인자'입니다. BDNF는 뇌와 척추의 신경세포에 영양을 공급하는 단백질입니다. 특히 BDNF는 뇌에서 기억을 담당하는 '해마'의 신경세포가 줄어들지 않게 막고, 새롭게 생성되도록 촉진합니다.

해마는 단기기억을 장기기억으로 변환하는 역할을 하기에 기억력을 향상하려면 해마를 활성화해야 합니다. BDNF는 기억력과 인지 능력에 큰 영향을 끼치므로 성장기 어린이와 청소년의 두뇌 발달에 매우 중요합니다. 또, 손상된 신경조직을 활성화하여 성인들의 두뇌 능력을 유지하고 치매에 걸리지 않도록 하는 역할을 합니다.

이처럼 두뇌의 건강과 능력에 중요한 영향을 끼치는 BDNF는 운동할 때 증가합니다. 운동은 BDNF를 증가시켜 해마를 활성화하고, 전두엽의 부피를 키워 기억력을 비롯한 공부 머리의 능력을 발달시킵니다. 또한 운동은 뇌의 혈액순환을 촉진하고, 시냅스(Synapse)의 연결을 증가시켜 정보 전달 속도를 높이고, 뇌의 효율성을 촉진합니다. 공부하기 전에 가볍게 운동하면 기억력, 인지 능력, 창의력이 향상되어 학습 효과가 증대됩니다. 치매가 되기 직전인 사람(경도인지장애)도 운동을 꾸준히 하면 기억력과 언어 능력이 향상되어 치매를 막아준다고 합니다. 심지어 운동을 부지런히 하면 무좀이 낫는 경우도 있습니다. 실핏줄까지 혈액순환이 활발하게 일어나니 몸의 치유 기능이 작동해서 무좀을 물리치는 것이죠.

운동은 스트레스 호르몬인 코르티솔(Cortisol)의 수치를 조절합니다. 코르티솔이 과도하게 분비되면 해마를 위축시켜 기억력을 떨어뜨리는데, 운동이 해마를 보호해 주는 것이죠. 또 운동하면 스트레스 호르몬이 아니라 엔도르핀, 도파민, 세로토닌이 증가하여 기분이 좋아집니다. 또한 운동은 깊은 수면(Slow-Wave Sleep)의 비율을 증가시켜 뇌가 피로를 풀고 상쾌한 상태가 되도록 합니다.

유럽과 미국의 명문 고등학교에서는 학생들에게 운동을 장려합니다. 입시를 핑계로 체육을 희생시키는 게 아니라 도리어 입시를 위해 체육에 충실할 것을 요구합니다. 대학도 학생들의 체육 활동을 중요하게 평가합니다. 이는 건강한 사회인과 지식인이 되려면 튼튼한 몸이 기본이기 때문이기도 하지만, 운동이 공부 머리를 최상으로 끌어올려 주기 때문입니다.

두뇌를 위한 투자

안타깝게도 우리나라는 어릴 때는 제법 운동을 시키지만 대학입시를 치러야 하는 연령에 다가갈수록 운동하는 시간을 줄입니다. 학생들도 공부하다 여유가 생기면 휴식을 취하거나 휴대폰을 만지려고 하지, 운동을 하려고 하지 않습니다. 운동할 시간에 공부를 하나라도 더 해야 한다고 생각합니다.

앞서 살펴봤듯이 뇌는 운동이 필요합니다. 운동을 하지 않으면 공부 머리도 퇴화합니다. 공부 머리가 퇴화하면 아무리 공부하는 시간을 늘려도 그만큼 성과를 거두기 어렵습니다. 공부를 더 잘하고 싶다면 적절한 운동으로 공부 머리를 활성화해야 합니다.

운동은 공부를 잘하는 데 필요한 체력을 기르기 위해서도 꼭 필요합니다. 공부를 잘하려면 끈기가 있어야 합니다. 지치지 않고 꾸준히, 오랫동안 공부에 매달릴 체력이 있어야 합니다.

공부에는 에너지가 많이 소모됩니다. 체력이 약하면 길고 긴 입시 준비기간을 제대로 견디지 못합니다. 또 체력이 약한 학생은 몸이 받쳐주지 않아 공부에 어려움을 겪는 경우가 많습니다. 이는 뇌 과학의 지식을 알지 못해도 상식적으로 내릴 수 있는 결론입니다.

운동은 학습을 방해하는 낭비가 아니라 공부 머리를 위한 투자입니다. 꾸준한 투자는 결국 큰 성과로 돌아옵니다.

잠이 두뇌의 각성제다

: 공부와 수면 :

저는 고양이 세 마리를 키웁니다. 고양이들은 생김새만큼 성격도 참 다릅니다. 첫째 냥이는 좌우의 눈 빛깔이 다른 오드아이인데 사람의 관심을 끊임없이 원합니다. 늘 사람 옆에 있으려 하고, 사람의 손길을 요구합니다. 사랑이 고픈 아이 같습니다. 집 밖에서 추운 겨울을 나는 모습이 안쓰러워 안으로 데려왔습니다. 처음 왔을 때부터 사람을 참 잘 따랐는데, 아무래도 사람 손에서 자라다 버려진 듯합니다. 버려진 상처 때문에 더더욱 사랑을 갈구하는지도 모르겠습니다.

둘째 냥이는 먹기 좋아하고 느긋합니다. 가끔 성깔을 부리는데 그럴 때면 자기 뜻대로 다 하려고 합니다. 한편으로는 심통을 부리지만 아픈 셋째를 처음 데려왔을 때 지극정성으로 살려냈을 만큼 심성이 따뜻합니다. 배가 부르면 소파 귀퉁이에서 배를 드러내놓고 느긋하게 누워 있습니다. 사람보다 훨씬 편한 자세로 쉬는 둘째 냥이를 보면서 그 여유로움에 부러움을 느낍니다.

셋째 냥이는 활발하고 경계심이 많습니다. 처음에 구조해서 집에 데려왔을 때는 아예 사람을 피해서 도망 다녔습니다. 하마터면 못된 사람에게 괴롭힘을 당하다 죽을 뻔했기에 사람을 극도로 경계했던 거지요. 둘째 냥이가 아니었다면 아마 죽었을지도 모릅니다. 그렇지만 오랜 시간이 지나면서 결국 은근히 사람 손길을 즐기는 애교쟁이가 되었답니다.

이처럼 세 고양이는 성격도 다르고 생김새도 다르지만 공통점이 하나 있습니다. 그것은 바로 틈만 나면 잔다는 사실입니다. 세 고양이를 보고 있으면 마치 잠을 자기 위해 세상을 살아가는 것처럼 보입니다. 먹고살기 위해 바쁘게 사는 인간으로서, 자고 싶을 때면 아무 때나 자는 고양이의 한가함이 참 부럽습니다.

잠을 자는 이유

고양이가 유난히 길게 자기는 하지만 모든 동물은 잠을 잡니다. 잠을 자지 않는 동물은 없습니다. 철새들은 하늘을 날면서도 자고, 펭귄은 몇 초 간격으로 깨었다 자기를 반복하며, 돌고래와 고래는 뇌의 반쪽씩 번갈아 잠을 잡니다. 모든 동물이 잠을 잔다는 사실은 잠이 동물의 생존에 없어서는 안 되는 요소라는 뜻입니다.

모두 알다시피 아이들은 성장호르몬이 잘 분비되어야 키가 잘 자랍니다. 성장호르몬은 밤에 느린 뇌파 수면일 때 분비됩니다. 그러므로 충분히 깊은 잠을 자야 성장이 잘 이루어집니다. 아이들은 잠자면서 키가 큽니다. 그런데 잠은 단순히 아이의 키에만 영향을 끼치지 않습니다.

우리 뇌에서는 1천억 개가 넘는 뉴런이 서로 쉴 새 없이 전기적 흥분을 주고받습니다. 신경세포 사이에서 신호를 전달하는 연결 지점을 시냅스라고 합니다. 시냅스에는 작은 틈이 있기 때문에 뉴런에서 만든 전기 신호가 건너뛸 수 없습니다. 도파민, 세로토닌과 같은 신경전달물질이 전(前) 뉴런의 신호를 후(後) 뉴런으로 전달합니다. 뉴런에서 뉴런으로 신호를 전해준 신경전달물질은 분해된 뒤에 밖으로 배출되어야 합니다.

이 신경전달물질이 분해되지 않고 뇌에 쌓이면 어떻게 될까요? 방에 쓰레기가 쌓이는 상황을 떠올리면 됩니다. 냄새가 나고 움직이기 불편해지며 건강한 생활이 불가능하게 됩니다. 뇌도 마찬가지입니다. 뇌에 노폐물이 쌓이면 제대로 작동할 수가 없습니다. 실제로 뇌에 노폐물이 쌓이면 알츠하이머병에 걸릴 가능성이 급격하게 높아집니다.

뇌에 쌓인 노폐물은 잠을 푹 자야 원만하게 배출됩니다. 청소를 안 하면 집도 도시도 엉망이 되듯이, 뇌를 청소하지 않으면 뇌가 엉망이 됩니다. 잠자는 시간은 뇌를 깨끗이 청소하는 시간이므로, 잠은 절대 아끼면 안 됩니다.

인체의 건강한 성장과 균형을 위해서도 잠은 매우 중요합니다. 인슐린이 제대로 작동하지 않으면 당뇨병에 걸리는데, 잠을 제대로 자지 않으면 인슐린 분비에 문제가 발생합니다. 현대인이 당뇨병에 많이 걸리는 것은 음식 섭취에 문제가 많기 때문이기도 하지만, 점점 줄어드는 수면 시간이 중요한 요인이기도 합니다. 잠을 적게 자면 비만이 될 가능성도 높고, 면역력이 떨어져 질병에도 취약해집니다.

수면은 단순한 휴식이 아니라, 뇌가 정보를 정리하고 기억을 강화하는 중요한 과정입니다. 잠을 자는 동안 뇌는 낮에 받아들인 정보를 처리합니다. 해마는 잠자는 동안 단기기억을 장기기억으로 변환하는 역할을 합니다. 중요한 정보는 저장하고 불필요한 정보는 삭제해서 지식을 효율적으로 관리합니다. 그러므로 충분히 잠을 자야 낮에 학습한 내용을 더 잘 기억할 수 있습니다. 잠을 적게 자면 전두엽의 기능이 떨어져 논리력, 문제해결력, 집중력, 감정 조절 능력이 약해집니다. 수면을 지속해서 줄이면 반응속도와 기억력이 떨어지는데, 술에 취했을 때와 거의 비슷한 상태가 됩니다. 따라서 잠을 줄이며 공부하면 그 의도와 달리 성적이 더 떨어지게 됩니다. 이는 실제 연구를 통해서 입증되었습니다.[1]

우리의 뇌는 깨어 있는 동안에는 새로운 정보를 받아들여 저장하

---

1 미국 매사추세츠대 연구팀. MIT 공대 학생 100명을 대상으로 진행한 연구.

는 데 집중합니다. 그러다 잠이 들면 저장해 두었던 정보를 끄집어내 검토하고 수정하면서 평가합니다.

정보를 제대로 처리하려면 깨어 있던 시간의 절반 정도가 필요하다고 합니다. 16시간 깨어 있었다면 8시간은 자야 하는 것이죠. 잠은 외부의 정보를 완전히 차단한 채 다음에 효과적으로 쓸 수 있도록 정보를 처리하고 분류해서 오랫동안 쓰는 저장장치에 담는 일을 하는 중요한 시간입니다. 잠이 부족하면 이 중요한 업무가 처리되지 못하는 것이죠.

전체 수면의 20~25%를 차지하는 REM 수면(빠른 안구 운동 수면) 단계에서 도파민, 세로토닌과 같은 신경전달물질이 조절됩니다. REM 수면이 부족하면 감정 조절 능력이 저하되고, 우울증과 불안 증상이 증가합니다. 그래서 조현병이나 우울증을 앓는 사람은 잠이 부족해지면 병증이 심각해지는 경우가 많습니다. 수면이 부족하면 편도체가 과도하게 활성화되면서 불안과 스트레스 반응이 증가합니다. 또한 감정을 조절하는 전두엽의 기능이 저하되어 충동 조절이 어려워집니다. 최근에 정신적인 어려움을 겪는 청소년이 많아졌는데, 이는 다분히 수면의 질과 양이 악화된 탓이 큽니다. 우리 옛말에 '잠이 보약'이라고 했는데, 이 말은 뇌과학을 통해 명백한 진리라는 것이 밝혀졌습니다.

잠과 공부의 상관관계

공부를 잘하려면 잠을 줄이면 안 됩니다. 잠을 줄이면 공부 머리의 기능이 떨어집니다. 면역력이 약해져 질병에 걸릴 가능성이 높아지고, 정신질환의 위험에도 노출됩니다. 당뇨병과 비만, 알츠하이머병에 걸릴 가능성도 증가합니다. 그러니 건강을 위해서도, 공부 머리의 능력을 최고로 높이기 위해서도 잠을 충분히 자야 합니다. 잠을 줄이며 공부하는 것은 배고프다고 자기 살을 베어 먹는 것과 같습니다.

건강한 신체와 뛰어난 공부 머리를 위해서는 좋은 수면 습관을 들여야 합니다. 전문가들이 선상한 수면 습관을 위해 권하는 사항은 다음과 같습니다.

첫째, 일정한 시간에 자고 일어나야 합니다. 신체가 규칙적인 리

듬에 따라 자고 일어나면 뇌가 거기에 익숙해집니다. 뇌가 안정되고 편안하게 정보를 처리합니다. 따라서 잠자는 시간은 늘 일정한 것이 좋습니다.

둘째, 잠들기 전에는 스마트폰, TV 등의 화면에서 나오는 블루라이트에 최대한 노출되지 않도록 합니다. 스마트폰을 보다가 잠드는 경우가 많은데, 블루라이트는 뇌파를 강하게 자극합니다. 숙면에 들려면 뇌파가 차분해져야 합니다. 뇌파를 가라앉히려면 삼들기 전에 책을 읽는 게 좋습니다. 아이가 어리면 부모가 책을 읽어주고, 스스로 책을 읽는 나이가 되어도 잠들기 전에 종종 부모가 읽어주면 좋습니다.

셋째, 집중력을 높이는 목적으로 섭취하는 에너지 드링크는 되도록 피해야 합니다. 특히 오후나 저녁에 먹는 건 피합니다. 신경전달물질은 뇌 안에서 자연스러운 시스템에 따라 분비되는 게 좋습니다. 신경전달물질을 대체하는 외부의 물질은 치료 목적이 아닌 한 피하는 게 좋습니다.

넷째, 운동을 적절하게 합니다. 규칙적으로 운동하면 수면의 질이 높아집니다. 이는 굳이 설명하지 않아도 상식으로 다 아는 지식입니다.

다섯째, 취침 전에는 야식을 먹지 않습니다. 음식이 위장에 있으면 숙면을 취하는 데 방해됩니다. 빈속으로 자야 몸에도 좋고, 뇌에도 좋습니다.

요즘 아이들은 잠을 줄여서 공부하려고 합니다. 졸리면 부모들 모르게 (또는 부모가 권해서) 에너지 드링크나 각성제를 먹고 잠을 쫓기도 합니다. 이는 뇌를 망가뜨리는 잘못된 방법입니다.

뇌는 자야 합니다. 잠을 자야 뇌가 맑게 깨어납니다. 뇌에 무리를 줘가며 오래 깨어 있으려 하지 말고, 적절하게 자면서 뇌를 최상의 상태로 만들어 공부해야 투자한 만큼 효과가 납니다.

뇌를 최상의 상태로 깨우는 가장 좋은 각성제는 카페인이 아니라 '잠'입니다. 잠은 공부의 적이 아니라 반드시 친근하게 지내야 하는 동반자입니다.

뇌는 'T'가 아니라 'F'다

: 느낌과 사고력 :

"슬픔을 나누면 반이 될까, 아니면 슬픈 사람이 둘이 될까?"

MBTI에서 'F'와 'T' 성향을 구별할 때 던지는 재미있는 질문 가운데 하나입니다. F인 사람은 슬픔을 나누면 반이 된다고 하고, T인 사람은 슬픔을 나누면 슬픈 사람이 둘이 된다고 한답니다. 자칭 극 T의 답변은 이랬습니다.

"굳이 슬픔을 나눠야 해요?"

T는 F를 감정적이며 문제 해결에 도움이 안 된다고 여깁니다. F는 T를 감정이 메마른 삭막한 인간으로 취급합니다. T와 F가 대표하는 성격이 워낙 극단적이다 보니 이를 재미나게 다룬 콘텐츠들도 넘쳐납니다. 그런데 F와 T의 대립은 MBTI가 유행하는 최근에만 벌어지는 현상이 아닙니다. 오래전 고대 그리스에서도 이성적인 인간(T)과 감성적인 인간(F)의 대립은 치열했습니다.

감성과 이성의 역사

고대 그리스 신화에서 아폴론과 디오니소스는 서로 대비되는 성격을 가진 신입니다. 아폴론은 태양의 신으로 이성과 논리를 상징합니다. 디오니소스는 술의 신으로 인간의 본능적인 감성을 상징합니다. 아폴론을 숭배하는 사람들은 논리와 질서를 중시합니다. 그들은 사건을 분석하고 규칙에 따라 문제를 해결하려고 노력한 결과 과학, 수학과 같은 학문을 발전시켰습니다. 디오니소스를 숭배하는 사람들은 감성과 열정을 중시합니다. 그들은 논리보다 직관과 창의성을 중요하게 여기며, 그 힘으로 예술과 문화를 발전시켰습니다.

아폴론과 디오니소스가 적절한 균형을 유지하며 발전하면 좋았겠지만 서양에서는 아폴론적 사고방식이 주류가 됩니다. 고대 그리스의 철학은 이성을 중요하게 생각했습니다. 플라톤은 감각적 경험보다 이성적 사유를 통해 진리를 찾아야 한다고 했고, 아리스토텔레스는 논리학을 체계화해 아폴론에게 힘을 실어주었습니다. 중세에는 신학과 결합하여 이성의 힘이 더욱 강해졌습니다. 계몽주의 시대에는 이성을 통해 세상을 더 좋게 변화시킬 수 있다고 믿었습니다. 데카르트는 "나는 생각한다, 고로 존재한다."라고 하면서 이성을 존재의 근거로 삼았고, 근대철학을 집대성한 칸트도 "이성이 인간을 미성숙에서 벗어나게 한다."라고 주장하며 아폴론을 지지했습니다. 과학혁명을 거치면서 이성은 자연의 법칙을 발견하는 놀라운 능력을 발휘했고, 산업혁명으로 꽃을 피웠습니다. 현대 정치의 기본인 민주주의도 인간 이성의 힘을 바탕으로 형성되었습니다. 이처럼 아폴론적인 사고방식(T)은 서양에서 감성보다 확실한 우위에 있었습니다.

큰 흐름에서 보면 동양도 다르지 않습니다. 동양에서는 이상적인 인간을 군자라 하였는데, 군자는 감정에 휘둘리지 않고 이치에 맞게 행동하며 자신을 통제할 줄 아는 인간입니다. 군자가 되려면 남들의 시선이 닿지 않는 곳에서도 바르게 생각하고 행동해야 한다고 요구했습니다. 반면 감정에 휘둘리거나 욕망을 앞세우는 인간은 소인이라 칭하며 경계했지요. 이처럼 동양이든 서양이든 F가 아니라 T형 인간을 더 중요하게 대접해 왔습니다.

현대에서 와서는 F가 점점 힘을 키우고 있습니다. 여전히 T가 막강하지만 그에 못지않게 F가 힘을 키워 거의 대등한 수준에 이르렀습니다. 인간의 감정과 욕망을 중시하는 개인주의가 넓게 퍼진 결과입니다. 이제 F형 인간들도 자신의 생각을 마음껏 표현하고 있으며, T형 인간의 비난에 맞서는 중입니다. 그런데 뇌과학의 발전으로 인해 T와 F의 대립에 중대한 변화가 생기고 있습니다.

'F'의 역습

신경과학자인 다마지오에게 어느 날 젊은 사람이 찾아왔습니다. 그는 회사에서 업무를 제대로 하지 못해서 힘든 시간을 보내고 있었습니다. 예를 들어 상사가 서류를 정리하라고 하면 하루 내내 그 일만 하고, 고객을 적당히 응대해 돌려보내라고 하면 어떻게 해야 할지 몰라 계속 지시를 기다렸습니다. 그는 판단력에 심각한 장애가 있었습니다. 자신의 정신에 문제가 있다고 판단해 여러 의사를 찾아갔지만 모든 면에서 정상이라고 판정을 받았습니다.

다마지오가 그를 만났을 때도 마찬가지였습니다. 그는 머리가 좋고 논리적이었으며 계산도 잘했고 말도 유창했습니다. 그는 아주 총명한 사람이었습니다. 기존의 조사 방식과 판단 기준으로는 그의 뇌에서 어떤 일이 벌어지는지 전혀 알 수가 없었습니다. 어떻게 하면 비밀을 알아낼 수 있을지 고민하던 다마지오는 얼마 뒤 다시 그를 만났습니다. 이번에는 아주 참혹한 장면이 찍힌 사진을 연속해서 보여주었습니다. 그러고는 어떤지 설명해 보라고 요구했습니다. 그는 방금 본 사진을 자세히 설명했습니다. 기억력도 좋고 말도 조리 있게 잘했습니다. 그런데 표정의 변화가 없었습니다. 참혹한 사진을 보고 그것에 대해 설명하는 내내, 보통 사람에게 나타나는 신체적인 변화가 전혀 없었던 것입니다. 도대체 그에게 무슨 일이 벌어진 것일까요?

보통 우리는 감정과 느낌을 구분하지 않고 사용하지만 뇌과학에서는 감정과 느낌을 엄밀하게 구분합니다. 감정은 몸으로 오는 것이고, 느낌은 몸의 반응을 두뇌가 해석한 것입니다. 무서운 괴물이 나타나면 몸이 떨립니다. 그 떨림이 감정입니다. 두뇌는 그 떨림을 해석해서 두려움을 느낍니다. 중요한 일을 앞두고 맥박이 빨라지고 호흡이 가빠집니다. 맥박과 호흡의 상태 변화가 감정입니다. 두뇌는 그 변화를 긴장감으로 해석합니다. 그것이 느낌입니다. 편도체가 관장하는 감정은 몸의 변화이기에 동물에게도 있습니다. 감정이 전전두엽으로 전달되어 해석이 가해지면 느낌이 됩니다. 따라서 느낌은 인간의 고유한 정신 작용입니다. 다마지오가 진료했던 그는 바로 이 '느낌'을 해석하는 뇌 부위에 문제가 생겼던 것입니다. 그리고 느낌을 제대로 인식하지 못하게 되자 사회적인 관계나 판단을 전혀 할 수 없었던 것입니다.

이것은 매우 중요한 의미를 지닙니다. 오랫동안 인류는 이성과 감성을 대립적으로 여겼습니다. 이성을 더 높게 평가했고, 이성으로 감성을 통제해야 한다고 믿었습니다. 이성이 발달한 사람에게 "너는 왜 그렇게 합리적이야?" 하는 식으로 비난하지는 않지만,

감성이 앞선 사람에게는 "너는 왜 그렇게 감정적이야?" 하면서 인격을 깎아내리는 말을 하기도 합니다. 그러나 다마지오의 연구는 느낌, 즉 감성이 망가지면 이성이 제대로 작동할 수 없다는 사실을 증명합니다. 즉 감성이 이성의 토대요 뿌리였던 것이죠. 느낌은 고도의 정신 작용입니다. 느낌이 없다면 이성도 없습니다.

상식적으로 생각해 보면 이는 지극히 당연합니다. 옆집에 밥도 못 먹고 힘들게 사는 아이가 있다고 합시다. 그 아이를 보고 불쌍하고 안타까운 느낌이 들면, 도와야겠다는 생각이 듭니다. 불쌍하고 안타까운 느낌이 들지 않으면 돕겠다는 판단을 내릴 수가 없습니다. 어떤 행동에 대한 느낌이 좋으면 그 행위를 열심히 합니다. 느낌이 좋지 않으면 어떡하든 피하려고 합니다. 영어에 대한 느낌이 좋으면 영어를 열심히 공부하지만, 수학에 대한 느낌이 안 좋으면 피하려고 하거나, 해도 억지로 합니다.

우리가 중요하다고 생각하는 것, 가치 있다고 생각하는 것은 결국 인간의 느낌과 연결되어 있습니다. 인간은 느낌을 맑고 행복하게 만드는 것들을 추구하고, 느낌이 좋은 것들을 가치 있다고 판단합니다. 이처럼 이성적인 사고를 제대로 하려면 감성을 건강하게 유지해야 합니다. MBTI식으로 얘기하면 T는 모두 F에 뿌리를 두고 있습니다. F가 없으면 T도 없습니다. 드디어 뇌과학은 오랫동안 이어지던 T 우위의 질서를 무너뜨리고, F 우위의 시대를 선포했습니다.

느낌이 기억을 좌우한다

감정, 느낌은 기억력과도 관련이 깊습니다. 우리는 보통 좋아하고 사랑하는 대상에 대한 정보를 잘 기억합니다. 처음 사랑에 빠지면 상대방의 행동, 몸짓, 말을 단 한 번만 듣고도 모두 기억합니다. 어떤 물건을 좋아한다는 말을 들으면 잊지 않고 기억했다가 선물로 줍니다. 강력하게 충격을 받은 기억은 잊히지 않고 평생을 갑니다. PTSD는 그 공포와 두려움이 과도하게 커서 뇌가 과거의 사건을 마치 현재의 일처럼 기억하는 것입니다. 그만큼 감정과 느낌이 강렬히기에 기억이 생생하게 남은 것입니다. 치매 환자들은 최근에 겪은 일은 금방 잊지만 아주 오래전에 겪은 일은 명확히 기억합니다. 치매에 걸려도 감정과 느낌이 강렬했던 기억은 사라지지 않고 뇌에 남아 있는 것입니다.

뇌는 강한 감정과 느낌을 유발하는 경험을 더 잘 기억하므로, 밋밋한 정보를 접하면 잘 기억하지 못합니다. 감정과 느낌이 실리지 않은 공부는 아무리 노력해도 실력이 잘 늘지 않습니다. 학생들이 왜 그렇게 수학 개념을 어려워하고, 영어 단어를 잘 못 외우는지 이해가 되지 않습니까? 수학 개념과 영어 단어에는 학생들의 감정과 느낌이 전혀 실리지 않았기 때문입니다. 그저 지루하고 짜증 날 뿐이죠. 그러니 공부가 제대로 될 리가 없습니다.

기억력을 향상하려면 감정과 느낌이 풍부해야 합니다. 다양한 활동을 하면서 감정이 자극을 받아야 합니다. 일상에 변화가 없으면 감정에 변화가 없고, 느낌이 단순해집니다. 다양한 체험이 감정과 느낌을 풍성하게 합니다. 그런 점에서 예술은 공부의 장애물이 아니라 공부를 더 잘하게 하는 도우미입니다. 예술은 감정을 풍부하게 하고, 느낌을 다양하게 길러줍니다. 다양한 예술 생활로 느낌을 풍성하게 만들면 뇌는 더 활발하게 활동합니다. 플라톤은 음악 교육을 매우 중요하게 강조했으며, 공자는 인격의 완성은 음악으로 이루어진다고 했습니다. 아인슈타인은 어려운 문제에 닥치면 바이올린을 연주하며 상상력을 발휘했다고 합니다. 상대성 이론은 음악

적 상상력 덕분에 탄생했습니다. 옛 현인의 통찰과 천재의 음악 사랑이 현대 뇌과학과 통하다니 참으로 놀랍지 않나요?

느낌을 풍성하게 느끼는 사람이 되려면 '흐뭇해, 짜릿해, 속상해, 서글퍼'와 같은 느낌 언어를 자주 사용해야 합니다. 많은 아이가 자신의 느낌을 제대로 표현하지 못합니다. 그저 '좋아', '싫어', '신나', '짜증 나' 정도로만 자기 느낌을 표현합니다.

느낌을 드러내는 어휘나 표현은 아주 많습니다. 따라서 어릴 때부터 아이가 자기 느낌을 다양한 언어로 표현할 수 있게 알려주어야 합니다. 그러려면 부모나 보육자, 선생님들도 아이에게 느낌 언어를 다양하게 써야 합니다. 어떤 상황에서 어떤 느낌 언어를 쓰는지 보여주면 아이도 그 느낌 언어를 자연스럽게 흡수합니다.

인간의 사고와 느낌은 언어에 큰 영향을 받습니다. 어떤 느낌에 해당하는 언어를 알면 그 느낌을 더 잘 인식할 수 있고, 그러면 느낌이 발달합니다. 느낌이 발달하면 이성적인 능력이 발달해서 기억력과 상상력도 좋아집니다.

기억을 잘하려면 기억하고 싶은 정보에 감정과 느낌을 담아야 합니다. 무미건조한 정보를 뇌에 아무리 집어넣어 봤자 뇌는 금방 삭제해 버립니다. 뇌는 느낌이 실린 정보를 소중히 여깁니다. 아이들은 좋아하는 과목은 잘하고, 싫어하는 과목은 성적이 안 좋습니다. 좋아한다는 것은 그만큼 좋은 느낌을 정보에 담는 것이죠. 공부를 잘하고 싶다면 공부할 내용에 대한 애정을 만들어야 합니다. 그래서 수학을 잘하게 하려면 수학을 좋아하고, 친근하게 만들어야 합니다. 수학이 즐거워야 합니다. 수학에 대한 좋은 감정을 만드는 것이 수학 문제 수백 개를 푸는 것보다 수학 실력을 키우는 데 훨씬 효과적입니다.

뇌는 미래를 산다

: 질문하는 뇌 :

어릴 때 제가 시골에서 겪은 일입니다. 바닥에 이불을 펴고 잠을 자려는데 머리맡에서 꾸물대는 움직임이 느껴졌습니다. 낮에 들과 산으로 뛰어다니며 실컷 놀아서 무척 피곤한 상태였으므로 처음에는 그냥 자려고 했습니다. 그런데 묘하게 신경이 거슬리면서 불쾌했습니다. 귀찮음과 졸음을 이겨내고 손을 뻗어 전등을 켰습니다. 후다닥 뭐가 움직였는데, 사라지기 전의 뒷모습을 보고 말았습니다. 바로 쥐였습니다. 그 순간 저는 목이 찢어지게 괴성을 질렀습니다. 그 소리에 놀란 집안 식구들이 모두 몰려들었습니다. 당시에는 너무 놀라서 울음도 나오지 않았습니다.

그날 이후 저에게는 쥐에 대한 트라우마가 생겼습니다. 쥐 비슷한 것만 봐도 움찔움찔 놀랐습니다. 쥐가 아닌데 쥐로 착각한 경우도 비일비재했습니다. 남들이 귀엽다고 하는 햄스터나 기니피그를 보면 제 머리맡에서 꾸물대던 쥐가 떠올라 쳐다보기도 싫었습니다. '자라 보고 놀란 가슴 솥뚜껑 보고 놀란다.'라는 속담이 있는데, 제가 딱 그 꼴이었습니다. 뇌과학에 따르면 이 속담도, 제가 쥐 트라우마에 시달린 것도 과학적인 타당성이 있습니다.

뇌는 예측 기계다

모든 생명은 불확실한 세계에서 살아남아야 합니다. 뇌는 생명을 보존하기 위해 중요한 결정을 내리는 인체의 최고사령관입니다. 언제 어떤 일이 벌어질지 모르는 세계에서 살아남기 위해 뇌는 끊임없이 미래를 예측합니다. 예측은 생존이 필수인 상황에서만 발휘되지는 않습니다. 글을 읽는 것을 예로 들어보죠.

글을 읽을 때 사람은 단어 하나하나를 천천히 분석하는 것이 아니라, 문맥을 기으반로 자연럽스게 다음 단어를 예하상며 읽습니다. 심지어 일부 글자가 뒤바어뀌도 내용을 이하해는 데 아무런 지장이 없습다. 이는 뇌가 기존에 학했습던 언어를 바으탕로 예측하기 때입문니다.

방금 읽은 문장들에는 틀린 단어가 제법 많았지만 읽는 데 아무런 지장이 없습니다. 뇌의 예측 능력 덕분입니다.

공이 날아오면 어디로 올지 예상하고, 귀에 익은 음악을 들으면 다음 음을 곧바로 떠올립니다. 상대방이 말을 끝내기도 전에 이어질 말을 예상하고, 시각의 사각지대가 생겨도 자연스럽게 이어서 장면을 떠올립니다. 이처럼 우리의 뇌는 단순히 정보를 받아들이기만 하는 것이 아니라 기존에 학습하고 경험한 데이터를 바탕으로 끊임없이 예측합니다.

위험이 닥치는데 예측에 실패하면 생존이 위협받습니다. 살아남기 위헤 뇌는 끊임없이 예측 능력을 향상했고, 예측에 최적화된 상태로 진화했습니다. 그래서 우리의 뇌를 '예측 기계(predictive machine)'라고 부릅니다.

꿈에는 두 가지 기능이 있습니다. 비(非)렘수면에서는 깨어 있을 때의 정보를 통합하여 정리하고, 렘수면에서는 미래를 대비하여 다양한 시뮬레이션을 합니다. 우리가 꿈이라고 기억하는 것은 대부분 렘수면에서 꾸는 꿈입니다. 미래에 어떤 일이 벌어질지 알 수 없기 때문에 렘수면의 꿈에서는 온갖 이상한 시뮬레이션이 벌어집니다. 때로는 앞뒤가 전혀 안 맞는 기괴한 이야기가 펼쳐지기도 합니다. 그 꿈은 특별한 의미가 있거나, 보편적인 해석(解夢)이 가능하지 않습니다. 뇌과학에 따르면 꿈은 불확실한 미래를 대비하기 위해 뇌가 벌이는 다양한 형태의 시뮬레이션일 뿐입니다.

공부를 싫어하는 이유

《논어》 첫머리에는 다음과 같은 구절이 실려 있습니다.

> 學而時習之 不亦說乎
> 배우고 때맞추어 그것을 익히면
> 또한 기쁘지 아니한가!

공자는 공부가 재미있다고 합니다. 이 구절을 아이들에게 소개하면 거의 다 말도 안 된다는 반응을 보입니다. 공부에 질려버린 아이들은 배우고 익히는 게 재미있다는 말을 믿지 않습니다. 그런데 뇌과학은 뇌의 본성이 학습이라고 말합니다. 예측을 위해선 배우고 익혀야 하고, 학습하지 않으면 정확한 예측이 불가능하기 때문입니다. 인간의 본성에 학습하려는 욕구가 충만한데도 아이들은 왜 그렇게 공부를 싫어할까요? 이는 뇌가 예측 기계란 사실을 통해 유추할 수 있습니다.

저는 어릴 때 시골에서 쥐를 보고 화들짝 놀랐습니다. 그 뒤에는 쥐와 비슷한 것만 봐도 놀랐고, 심지어 쥐가 아니지만 쥐처럼 여겨지는 사물만 봐도 놀랐습니다. 저의 뇌는 쥐를 본 첫 경험의 충격을 기억하고 있다가 혹시라도 그런 위험이 닥칠까 봐 재빨리 예측 시스템을 작동한 것입니다. 얼른 피하라고 신호를 보내는 것이죠. 물론 대부분은 뇌의 예측이 틀렸습니다. 뇌의 예측대로 쥐를 확인한 것은 몇 번 되지 않습니다. 그런데도 뇌는 그 몇 번을 위해 많은 오류를 저지릅니다. 그게 타당하죠. 만약 쥐가 아니라고 판단했는데 쥐가 나타나면 제가 얼마나 놀라겠습니까? 그 충격을 막기 위해서 조금이라도 쥐처럼 보이는 건 모조리 쥐로 판단해서 미리 대비하게 하는 것이지요. 이것이 예측 기계인 뇌가 위협에 대비하는 방식입니다.

오래전 수렵·채집 생활을 하던 때로 돌아가 보죠. 인간은 포식자가 아니라 맹수들의 위협에 노출된 나약한 피식자였습니다. 숲에서 바스락거리는 소리가 들립니다. 그때는 어떻게 해야 했을까요? 바스락거리는 소리가 왜 나는지 이성적이고 합리적으로 정확히 파악해서 그에 맞게 대응하는 게 좋을까요, 아니면 일단 맹수라고 생각하고 무조건 먼저 도망치는 게 나을까요?

정확하게 판단한 뒤에 대응하면 적중률도 좋고 불필요하게 도망치느라 힘을 빼지 않아서 좋을 듯합니다. 그러나 만에 하나 사자나 호랑이가 나타나면 어떻게 될까요? 바스락거리는 소리가 들리고 맹수가 나타나는 사건이 극히 드문 확률로 벌어진다고 해도 바스락거리는 소리가 나면 일단 도망치는 게 생존을 위해서는 훨씬 합리적인 판단입니다. 이게 바로 뇌가 예측 기계로 작동하는 원리입니다.

공부를 싫어하는 아이들이 참 많습니다. 그 이유는 제가 쥐를 두려워했던 이유와 동일합니다. 초기 경험 때문이죠. 처음에 공부를 신나고 재미있는 사건으로 경험했다면 뇌는 다시 공부하게 되었을 때 즐거운 경험을 예측하면서 그에 맞게 신체를 준비합니다.

"자, 이제 곧 즐거운 공부를 하게 돼. 얼마나 신이 나!"

그러나 아이들 대부분은 공부에 대한 기억이 그리 유쾌하지 않습니다. 특히 수학이 그렇죠. 어려운 수학 문제를 지겹게 풀다 보면 수학에 대한 느낌이 나쁘게 형성됩니다. 뇌가 수학을 불행의 원천으로 인식하는 것이지요. 그래서 수학을 공부하는 상황이 닥치면 그동안의 시뮬레이션을 바탕으로 충실히 미래를 예측합니다.

"자, 이제 곧 불행한 수학 공부 시간이야. 이번에는 또 얼마나 힘들까?"

수학에 대한 경험이 불행했기에 불행한 미래를 예측하고, 그 예측은 그대로 현실이 됩니다. 뇌는 믿는 대로 현실을 만듭니다.

뇌는 불행을 피하려고 합니다. 뇌는 즐거움을 누리려고 합니다. 괴롭고 힘들고 슬픈 느낌을 계속 맛보려는 사람은 없습니다. 잘하려면 즐겨야 합니다. 즐기면 뇌가 행복해지고, 그 일을 잘할 수밖에 없습니다.

따라서 예측을 바꾸려면 경험을 바꿔야 합니다. 나쁜 경험을 즐거운 경험으로 바꿔야 합니다. 수학을 잘하게 하려면 수학이 재미있다는 경험을 하게 해야 합니다. 그래서 수학을 처음 접하는 아이들에게는 수학 문제를 잘 푸는 것보다 수학이 재미있는 학문이라는 인식을 심어주는 게 중요합니다. 일단 뇌가 재미있는 경험이라고 확고하게 예측하기 시작하면 아이는 수학을 즐기게 될 것이고, 수학을 잘하는 아이가 될 것입니다.

뇌는 질문을 원한다

뇌는 예측 기계이므로 공부할 때 뇌의 이러한 특성을 이용하면 더 효과적으로 공부할 수 있습니다. 뇌는 정보를 수동적으로 듣거나 읽을 때보다, 예측을 활용할 때 더 적극적으로 작동합니다. 따라서 공부할 때는 단순히 정보를 암기하는 것보다는 스스로 질문을 던지고 답을 예측하는 것이 효과적입니다. 공부를 하기 전이나 공부하는 도중에 질문을 던지면 뇌는 해당 정보를 예측하는 과정에서 더 깊이 학습하게 됩니다. 공부한 내용을 토대로 질문을 만들어보고 의문을 품으면, 예측 기계인 뇌는 적극적으로 정보를 수집하고 분석하며 작동합니다. 원리가 왜 그러한지 묻고, 그게 왜 답인지 찾는 과정에서 학습이 깊어지고 이해가 빨라집니다.

아인슈타인은 "나에게 문제를 풀 한 시간이 주어진다면, 문제가 무엇인지 정의하는 데 55분을 쓰고, 해결책을 찾는 데 나머지 5분을 쓰겠다." 하고 말했습니다. 답보다 질문이 중요하다고 생각한 거죠. 이는 문제를 잘 정의하면 답을 찾기 쉽다는 뜻이기도 합니다. 어떤 난관에 부딪혔는데 해결책이 잘 나오지 않는다면 문제가 무엇인지 다시 정의해 봐야 합니다. 그만큼 질문이 중요하죠.

그런데 이는 뇌과학의 관점에서도 타당합니다. 뇌는 예측 기계입니다. 따라서 무엇이 문제인지, 무엇을 해결해야 하는지 정확히 질문해야 뇌가 그것을 해결히기 위해 역량을 투입합니다.

유대인들의 공부법을 소개하는 글에 자주 나오는 예시가 있습니다. 우리는 아이가 학교에 다녀오면 "뭘 배웠니?" 하고 묻지만, 유대인들은 "뭘 질문했니?"라고 묻는다는 것입니다. 질문이 배움보다 중요하다는 뜻을 담은 예시인데, 뇌가 예측 기계란 사실을 고려하면 매우 적절한 교육법입니다.

공자는 질문하지 않으면 가르치지 않았습니다. 《논어》는 제자들이 묻고 공자가 답하는 식으로 구성되어 있습니다. 공자는 제자가 의문을 품고 답을 구하려고 노력할 때 적절한 답을 해주었습니다. 공자의 교육법은 현대 뇌과학의 관점에서 보면 매우 다당하고 과학적인 교육법이었습니다.

오늘날 빠르게 발전하는 인공지능 개발에서도 질문을 잘하는 것은 무척 중요합니다. 어떤 질문을 하느냐에 따라서 AI의 성능이 달라지기 때문입니다. AI에게 좋은 질문을 할 줄 아는 인재는 아주 높은 연봉을 받습니다. 최신 인공지능을 제대로 활용하기 위해서는 사용자가 정확하게 질문할 줄 알아야 합니다. 질문을 제대로 하지 못하면 인공지능의 놀라운 성능을 제대로 활용할 수 없습니다.

뇌는 미래를 위해 존재합니다. 불확실한 미래의 생존과 안전을 보장하기 위해 뇌는 끊임없이 예측합니다. 질문하지 않으면 이제껏

살아온 대로 살게 됩니다. 과거의 경험만 계속 반복하느라 새로운 미래를 열지 못합니다. 저는 어릴 때 쥐를 무서워했고, 쥐와 비슷한 생김새의 물건만 봐도 기겁했습니다. 그러나 지금은 그렇지 않습니다. 쥐가 귀엽기까지 합니다. 이렇게 변한 건 저의 반응에 스스로 의문을 품었기 때문입니다.

- 내가 쥐를 보고 놀라야 할 이유가 있을까?
- 쥐는 작고 나는 큰데 내가 왜 놀라야 하지?
- 쥐가 그렇게 무섭고 강한가?

이런 질문을 던졌고 그에 대한 해답을 찾았습니다. 자료도 찾아보고, 새로운 인식을 만들기 위해 마인드 콘트롤도 했습니다. 그렇다 보니 어느 순간 쥐가 전혀 무섭지 않게 되었고, 심지어 귀여워 보이는 느낌으로 변했습니다.

다르게 살기 위해서는 질문해야 합니다. 의문을 품어야 합니다. 그래야 새로운 기회가 열리고, 상황에 걸맞게 뇌가 미래를 예측합니다. 질문을 잘하는 뇌가 예측을 잘하고, 예측을 잘하는 뇌가 학업에서도 뛰어난 능력을 발휘합니다.

뇌는 연결해야 작동한다

: 암기력과 창의성 :

"우리가 사는 동네가 너무 좁아."

꿀벌들이 거주지를 옮기기로 했습니다. 꿀벌 집단에는 '여왕벌'이 있으니 여왕벌이 결정하면 모두가 따르는 방식으로 이사할 곳을 정할 거라고 예상했다면 틀렸습니다. 꿀벌은 한두 마리의 리더가 의사결정을 하지 않습니다.

먼저 이사할 곳을 찾기 위해 몇 마리 벌이 정찰을 합니다. 정찰벌들이 돌아다니면서 적당한 장소를 찾습니다. 조사를 마친 벌들은 동네로 돌아와 자신들이 조사한 지역에 대해 춤으로 설명합니다. 다른 벌들은 정찰 벌들의 춤을 보며 각자 마음에 드는 후보지를 고릅니다.

각각의 벌들은 후보지 중에서 끌리는 곳에 맞는 춤을 춥니다. 제각각이던 춤은 점점 여러 개의 흐름으로 모입니다. 후보지가 점점 좁혀지다가 마지막에 하나의 장소로 합의가 이루어집니다.

이처럼 꿀벌 사회는 각각의 꿀벌이 하나의 점이 되어 네트워크를 이루며 활발하게 서로 교류하고 소통하면서 결정을 내립니다. 최고 지도자나 대표자들이 결정하는 방식이 아니라 각자가 수평적으로 연결되어 의사결정을 하는 것이죠. 이처럼 꿀벌 집단은 네트워크 사회입니다.

개미도 꿀벌처럼 네트워크 사회를 이뤄 생활합니다. 개미 군락은 일사불란한 지휘체계에 따라 움직이지 않습니다. 개미들은 페로몬을 이용해 서로 정보를 주고받는데, 그 신호는 무척 단순합니다. 그런데 이 단순한 신호의 조합이 복잡한 집단행동을 만들어냅니다.

예를 들어 먹이를 발견한 개미가 페로몬을 남기면 다른 개미들이 이를 따라가며 길이 점점 강화되면서 정보가 공유되고, 먹이를 찾는 행동이 체계적으로 진행됩니다. 한 마리의 개미는 전체적인 상황이나 계획을 전혀 알지 못하지만, 개미 집단 전체는 마치 하나의 생명체처럼 움직이며 적절하게 대응합니다. 개미 한 마리 한 마리는 단순한 행동만을 수행하지만, 많은 개미가 모이면 놀랍도록 정교한 사회 시스템을 형성합니다.

인간의 뇌도 꿀벌과 개미처럼 거대한 네트워크를 이뤄 작동합니다. 뇌는 특정한 뉴런 하나가 한 가지 역할을 담당하는 식으로 작동하지 않으며, 수많은 뉴런이 네트워크로 연결되어 작동합니다. A와 B가 연결될 때, A와 C가 연결될 때, A와 B와 C가 연결될 때 전혀 다른 기능이 이루어집니다. 그리고 새로운 연결이 맺어질 때마다 새로운 기능이 창출됩니다. 이것이 바로 네트워크의 작동 방식입니다.

인간의 지능이나 창의성은 뇌의 특정 영역이 얼마나 발달했는지에 달린 게 아니라, 뇌의 다양한 영역이 얼마나 효과적으로 연결되는지에 따라 달라집니다. 벌 한 마리, 개미 한 마리는 아주 조그만 일밖에 해낼 수 없지만 수천 마리가 모이면 복잡한 구조물을 짓고,

식량을 관리하며, 생태계를 유지합니다. 우리의 뇌도 뉴런 하나하나는 단순하지만 서로 연결되면서 의식이 탄생하고, 언어를 사용하며, 놀라운 창조물을 빚어냅니다.

언뜻 생각하면 일사불란한 지휘체계를 만들면 훨씬 생존하기 좋고 효율적일 듯한데 개미와 꿀벌, 우리의 뇌는 왜 네트워크 방식을 채택한 걸까요? 이는 획일적인 시스템보다 네트워크 시스템이 자연에서 생존하는 데 필요한 과제를 효율적으로 해결하기 때문입니다.

네트워크 시스템의 힘

획일적인 체계는 하나의 중심이 전체를 통제합니다. 이러한 방식은 안정적일 수 있지만, 변화에 대응하는 능력이 떨어집니다. 그 반면에 네트워크 체계는 개별 요소들이 독립적으로 작동하면서도 서로 연결되어 있기에 변화에 빠르게 적응할 수 있습니다.

자연은 끊임없이 변화합니다. 특정한 환경에서는 어느 한 방식이 효과적일 수 있지만 예상치 못한 변화가 생기면 적응하지 못한 존재는 위기에 처합니다. 인터넷은 특정한 서버가 고장 나더라도 끊어지지 않고 안정적으로 작동하는데, 이는 인터넷이 네트워크 시스템으로 작동하기 때문입니다. 획일적인 체계는 몇몇이 결정하고 모두가 따르는 방식이기 때문에 창의성이 발휘되지 않습니다. 그러나 네트워크는 다양한 구성원들이 풍성하게 소통하기 때문에 새로운 아이디어가 끊임없이 창조됩니다.

과거에는 효율적인 조직을 만들기 위해서 일사불란한 체계를 선호했습니다. 그러나 현대사회에서 앞서가는 조직들은 네트워크 시스템을 채택하고 있습니다. 네트워크가 훨씬 창의적이고 강력한 문제해결력을 발휘한다는 사실을 알기 때문입니다.

네트워크 시스템에서 중요한 것은 연결입니다. 다양하고 풍성하며, 효율성을 극대화하는 방식으로 연결되어야 네트워크가 뛰어난 능력을 발휘합니다. 따라서 공부 머리를 활성화하기 위해서는 네트워크의 연결 성능을 끌어올려야 하는데, 그러려면 발달 단계에 맞게 적절한 자극을 주는 것이 필요합니다.

유아기인 0~6세에는 뇌가 폭발적으로 성장합니다. 이 시기의 뇌는 감각적 경험을 통해 빠르게 연결망을 형성하므로, 다양한 감각적 자극을 제공해야 합니다. 다양한 것을 눈으로 보고, 귀로 듣고, 손으로 만지고, 냄새를 맡고, 혀로 맛을 보아야 합니다. 풍부한 감각이 전해질 때마다 아이들의 뇌는 새로운 시냅스를 만들어냅니다. 자연 속에서는 예상치 못한 상황에서 다양한 자극이 일어나므로 아이들이 자연에서 놀 때 더 풍부한 감각을 경험합니다.

또 이 시기에는 보호자와 맺는 애착이 매우 중요합니다. 아이의 정서가 불안정하면 뇌의 네트워크는 불안을 해소하는 데 에너지를 쏟느라 새로운 연결망을 형성하려는 도전을 제대로 하지 못합니다. 보호자와 안정적으로 유대감을 형성하면 아이는 안심하고 낯선 경험을 시도합니다. 집에 있다가 어린이집 같은 새로운 환경에 가도 두려워하지 않습니다. 불안이 없기 때문에 뇌에 새로운 네트워크가 형성되는 것을 안심하고 받아들입니다. 그래서 다른 조건이 같다면 정서가 안정된 아이가 두뇌 발달도 더 원활하게 이루어지는 것입니다.

7~12세에는 신경망 연결이 효율적으로 재구성됩니다. 시냅스는 두 가지 방식으로 재구성되는데 '가지치기'와 '강화'입니다. 가지치기는 쓰지 않는 신경망을 버리는 작업입니다. 어차피 쓰지도 않는

데 연결망을 계속 유지하면 에너지만 낭비됩니다. 쓰지 않는 물건은 버려야 주변이 깨끗해지고 일이 잘되는 것처럼, 쓰지 않는 연결망은 버려야 뇌의 효율성이 올라갑니다. 강화는 자주 쓰는 신경망을 더욱 튼튼하게 만드는 작업입니다. 반복적으로 쓰는 근육이 더 발달하듯이 뇌도 자주 쓰는 시냅스는 더욱 튼튼하게 연결해 효율을 극대화합니다. 따라서 아이가 생활과 학습에서 꼭 필요한 능력을 쓰지 않는다면 다양한 방식으로 자극해서 시냅스가 가지치기를 당하지 않도록 주의를 기울여야 합니다. 또한 아이의 재능을 잘 발견해서 아이가 좋아하고 잘하는 영역은 더욱 발전할 수 있도록 적극적인 자극을 더해주어야 합니다.

13~18세가 되면 뇌의 전두엽이 점진적으로 발달하면서 논리적 사고와 감정 조절 능력이 향상됩니다. 논리적인 사고를 키우기 위해서는 늘 질문하고 스스로 생각하는 습관을 들여야 합니다. 주어진 정보를 비판 없이 받아들이기보다 의문을 품고 사색해야 합니다. 무비판적인 수용은 논리적인 사고 능력의 발달을 방해해, 주체적인 인간으로 성장하는 데 걸림돌이 됩니다.

또한 다양한 실천을 통해 성공과 실패를 경험해야 합니다. 논리적 사고는 머릿속에서 이루어지기 때문에 현실과 다른 경우가 많습니다. 자신의 생각을 현실에서 부딪치게 하고, 확인하는 과정을 거쳐서 옳고 그름을 끊임없이 검증해야 사회적 힘을 갖춘 논리력을 키울 수 있습니다. 그뿐만 아니라 나와 다른 생각을 지닌 사람들과도 자주 토론해야 합니다. 나 혼자만 생각하다 보면 아집과 편견에 빠지기 쉽고, 사회로부터 고립될 수 있습니다. 다양한 생각을 접하며 토론할 때 뇌의 시냅스가 적절하게 연결되어 풍성하고 창의적인 사고를 할 수 있습니다.

공부 머리를 발달시키려면 뇌가 네트워크로 작동한다는 사실을 특히 잘 활용해야 합니다. 앞에서도 언급했지만 네트워크는 연결될수록 다양한 능력을 발휘하고, 자주 쓰는 연결망은 더 원활하게 작동합니다. 이를 잘 이용하면 공부 머리의 잠재력을 극대화할 수 있습니다.

랜드마크 암기법

공부에서 암기는 필수입니다. 외우지 않으면 공부가 되지 않습니다. 암기를 좋아하는 아이들도 있지만 대부분은 암기를 그리 좋아하지 않습니다. 암기 능력이 부족해서 공부에 애를 먹는 학생들도 많습니다. 그런데 암기를 잘하지 못하는 학생들도 자신이 좋아하는 대상에 대해서는 무척 잘 기억합니다. 영어 단어를 못 외우는 학생도 좋아하는 게임에 나오는 영어 표현은 수백 가지를 아무렇지 않게 외웁니다. 좋아하는 아이돌에 관한 정보는 외우려고 신경을 곤두세우지 않아도 모조리 기억합니다. 즉 뇌는 자신이 좋아하는 정보는 쉽게 받아들입니다. 앞서 여러 차례 강조했듯이 암기를 잘하려면 암기하려는 대상에 대한 인상부터 바꿔야 합니다. 최소한 외우는 대상을 싫어하지 않아야 암기를 잘할 수 있습니다.

암기 능력을 키우기 위해서는 뇌의 네트워크 특성도 잘 활용해야 합니다. 네트워크는 연결입니다. 따라서 암기도 연결해야 잘 됩니다. 즉 무작정 외우는 것이 아니라 기존에 내가 아는 지식과 연결해야 연결망이 탄탄하게 이어져 암기가 잘 됩니다.

뇌는 독립적인 개념은 잘 기억하지 못합니다. 서로 연관된 정보들을 하나로 조직해야 잘 기억합니다. 효과적인 학습을 위해서는 지식과 지식을 연결해야 합니다.

뉴욕의 지리를 공부한다고 가정해 봅시다. 뉴욕이라고 하면 가장 먼저 자유의 여신상이 떠오릅니다. 뉴욕이 어떻게 생겼는지, 어떤 건물이 어디에 있는지 기억하는 가장 좋은 방법은 자유의 여신상을 중심에 두고 연결해 보는 것입니다. 그러면 훨씬 쉽게 새로운 건물의 위치를 파악할 수 있습니다. 그래서 낯선 도시에 가면 랜드마크가 어디인지부터 확인해야 합니다. 랜드마크를 알면 다른 장소를 쉽게 기억할 수 있기 때문입니다.

조선시대를 공부하려면 먼저 세종대왕, 임진왜란, 이순신, 정조대왕, 흥선대원군, 동학 농민혁명 등을 확실하게 알아야 합니다. 연결망의 중심이 되는 이러한 지식이 바로 도시의 랜드마크처럼 작동합니다. 연결의 중심을 명확하게 기억하면 그 주변의 사건과 인물은 자연스럽게 이어지고, 원활하게 기억이 이루어집니다.

실제 우리 뇌의 네트워크도 무작위적으로 연결되어 있지 않습니다. 도시의 랜드마크처럼 일정하게 중심이 되는 축이 있고, 그 축을 중심으로 가지를 뻗어나가는 식으로 작동합니다. 따라서 암기를 잘 하려면 뇌의 작동 원리에 부합하는 방식으로 지식을 받아들여야 합니다.

문제 해결과 사회적 네트워크

뇌의 네트워크는 문제 해결을 요구받을 때 활발하게 작동합니다. 그냥 받아들이기만 할 때보다, 해결해야 할 문제가 주어질 때 네트워크의 긴장이 올라가며 신나게 작동합니다. 뇌는 앞에 닥친 문제를 예측하고 해결하기 위해 발달했으므로 문제가 주어지면 네트워크가 활성화될 수밖에 없습니다. 따라서 공부할 때는 지식을 단순히 암기만 하지 말고, 실제 문제에 적용해 보아야 합니다.

과학을 싫어하는 학생들도 실험은 좋아하는 경우가 많은데, 이는 뇌가 문제 해결에 훨씬 흥미를 보이기 때문입니다. 따라서 단순 주입식 교육보다 문제 해결을 위한 다양한 프로젝트를 해보는 것이 공부 머리 발달에 도움이 됩니다. 입시로 인해 문제 해결 중심의 체험과 교육을 하기 어려운 여건에서는 시뮬레이션을 해도 좋습니다. 직접 해결하지는 못해도 문제를 찾아내 정의하고, 그것을 해결할 방법을 시뮬레이션하다 보면 뇌가 그 지식을 더 활발하게 자기 것으로 만들게 됩니다.

네트워크는 한 사람의 뇌에서만 작동하지 않습니다. 뇌는 사회적인 네트워크를 이루어 작동합니다. 실제 인간의 뇌는 사회가 형성되면서 크기가 더 작아졌습니다. 왜냐하면 사회를 형성한 덕분에 혼자 모든 지식과 기술을 다 가지지 않아도 되었기 때문입니다. 서로 최적화된 지식과 기술을 갖춘 채 네트워크로 협력하면서 인간 사회는 아주 빠른 속도로 발달했습니다.

학습도 이런 방식으로 해야 합니다. 혼자서 공부하지 말고 다른 동료들과 상호작용을 하며 학습하면 더 효과적이고 체계적으로 학습할 수 있고, 공부 머리를 발달시킬 수 있습니다.

효율성과 창의성

뇌는 성장하면서 점점 선택과 집중을 합니다. 버릴 것은 버리고 잘하는 것에 집중해서 한정된 에너지를 최대한 효율적으로 씁니다. 따라서 재능이 없다면 과감하게 포기할 것은 포기해야 합니다. 한정된 자원을 무의미한 데 쓰기보다는 최대한의 효율을 추구하면서 잘하는 것에 집중하게 만들어야 합니다. 따라서 일정한 재능이 발견되었다면, 그리고 다른 재능을 아직 발견하지 못했다면 발견한 재능이 충분히 발현될 수 있도록 지원해 주는 것이 뇌에게 적합한 방식입니다.

창의성을 기를 때도 뇌가 네트워크라는 사실을 적절하게 활용해야 합니다. 인간은 본능적으로 낯선 것을 꺼리고 익숙함에 머물려고 합니다. 낯선 것은 예측이 불가능하고, 뇌는 예측이 불가능한 상황을 싫어합니다. 그런데 창의성이란 새로운 연결입니다. 그 이전까지 전혀 연결한 적 없는 연결망을 이어 붙이는 것입니다. 창의성이란 어떤 면에서는 인간의 본성에 반합니다.

한편으로 뇌는 지루함을 싫어합니다. 익숙한 것만 반복하면 금세 지겨워하고, 활기를 잃고 맙니다. 그래서 적당한 안정과 적절한 변화가 뇌에는 가장 좋은 환경입니다. 창의성은 변화입니다. 낯선 연결입니다. 그러므로 여행, 공연, 전시, 놀이, 관계, 학습 등에서 낯선 것을 끊임없이 접해야 합니다. 낯선 정보가 들어오면 뇌는 새로운 연결망을 찾게 되고, 그 연결망은 창의성의 원천이 됩니다. 아이의 창의성을 길러주려면 창의성 교육을 할 게 아니라 낯선 경험과 환경을 제공해서 뇌를 새로운 자극에 노출하면 됩니다.

뇌는 가상 세계에 산다
: 언어학습과 패턴 :

인류는 오랫동안 포식자를 두려워하며 지냈습니다. 불을 사용할 줄 알게 되면서 맹수의 위협에서 조금 벗어났지만, 여전히 사냥하기보다 사냥을 당하는 쪽이었습니다. 그런데 약 7만 년 전, 무리를 지어 생활하며 단순한 도구를 사용하던 우리의 조상들은 갑자기 달라졌습니다. 그 전과 달리 매우 정교한 사고 능력을 갖추면서 복잡한 언어를 사용할 줄 알게 되었죠. 이를 '인지혁명(Cognitive Revolution)'이라고 부릅니다.

인류는 인지혁명을 거치면서 복잡한 언어를 사용하고, 상상력을 통해 공동의 신화를 만들며, 대규모로 협력하게 되었습니다. 인지혁명 덕분에 인간은 먹이사슬의 정점에 올라섰죠. 인간을 최고의 지위에 오르게 한 인지혁명에서 핵심은 '고도의 언어능력'과 '허구적 상상력'입니다.

인지혁명 : 언어능력

여기 사과나무가 있습니다. 사과 한 알을 따서 먹어보니 맛있습니다. 멀리 떨어진 동료에게 사과가 맛있다는 사실을 알려주고 싶습니다. 사과 한 알을 따서 동료에게 가져갑니다. 동료에게 건네주니 맛있게 먹습니다. 사과를 직접 들고 가 감각을 경험하게 함으로써 사과가 맛있다는 생각을 공유합니다.

이번에는 신기하게 생긴 바위를 보았습니다. 하지만 동료에게 멋진 바위를 보여주고 싶어도 무거워서 들고 갈 수가 없습니다. 동료에게 가서 이런저런 손짓으로 자신이 본 것을 전했지만 제대로 공유하는 데 실패했습니다.

사냥을 나갔습니다. 위험한 모험 끝에 사냥감을 잡았습니다. 사냥에 참여하지 않은 다른 사람들에게도 그 멋진 경험을 알려주고 싶었지만 초보적인 언어로는 자세히 전하는 데 한계가 있었습니다.

어느 시점에, 인류의 조상은 아주 복잡한 언어를 사용하는 능력을 획득합니다. 사과를 직접 들고 가지 않아도 사과가 맛있다는 생각을 전합니다. 바위처럼 무거운 물건의 생김새를 멀리 떨어진 동료에게 설명하고, 멋진 모험도 생생하게 들려줍니다. 이처럼 언어는 인간의 의사소통 능력을 획기적으로 넓혔습니다. 사과와 바위가 없는 곳에서도 사과와 바위를 설명할 수 있을 뿐 아니라, 한번 벌어지면 사라지는 사건도 이야기로 만들어 계속 전할 수 있게 됐습니다. 나아가 국가와 신화, 화폐와 법, 숫자처럼 자연에는 존재하지 않는 추상적인 개념을 창조하는 수준에 이릅니다.

추상적 개념이란 실재 세계에는 없습니다. 그냥 인간의 머릿속에만 존재하지요. 언어를 활용해 이러한 가상의 세계를 만들게 되면서 인간은 거대한 집단을 이뤄 서로 협력하게 됩니다. 동물이나 네안데르탈인은 소규모 집단으로만 협력했지만, 우리 조상들은 대규모로 협력하는 능력을 갖추면서 먹이사슬의 꼭대기로 올라섭니다.

언어는 인간이 지닌 강력한 힘입니다. 언어가 탄생하면서 인간은 비로소 인간이 되었습니다. 언어라는 도구 덕분에 인간은 정보를 자유롭게 주고받게 됩니다. 언어 덕분에 인간은 시간과 공간의 제약을 받지 않고 영역을 넓혀갔습니다. 138억 년 전의 과거도 기억하고, 미래도 예측하며, 은하계 너머로 사고를 확장했습니다. 언어는 인간을 우주적인 존재로 만들었습니다.

언어능력 향상법

인간이 모든 '사고'를 언어로 하지는 않습니다. 언어가 없이도 인간은 복잡한 개념을 이해하고 논리적으로 사고할 수 있습니다. 어떤 철학자의 주장처럼 언어의 한계가 생각의 한계이거나 세계의 한계인 것은 아니지만, 언어능력이 공부 머리의 능력치를 결정하는 데 매우 중요한 위치를 차지하는 것은 분명합니다.

인간이 언어를 이해하고 표현하는 과정은 뇌에서 매우 정교하게 이루어집니다. 언어는 받아들이는 과정과 표현하는 과정으로 나뉩니다. 받아들일 때는 음성과 문자로, 표현할 때는 말과 글자로 합니다. 뇌는 측두엽의 청각피질에서 소리를 해석하고, 베르니케 영역에서는 청각피질에서 받은 신호를 분석해 의미를 해석합니다. 글자를 보면 후두엽의 시각피질에서 이를 분석하고, 각회(두정엽과 측두엽의 연결부위)는 시각피질에서 처리된 글자를 언어로 변환합니다. 말할 때는 전두엽의 브로카 영역에서 문장을 만들고 발음을 조절하며 운동피질이 혀, 입술, 성대 근육을 조절합니다. 글을 쓸 때는 브로카 영역이 문장을 만들고, 운동피질이 손을 통제합니다. 신경전달물질인 도파민은 언어 표현을 조절하고, 세로토닌은 원활한 의사소통을 할 수 있게 하며, 아세틸콜린은 새로운 단어를 익히는 데 도움을 줍니다.

언어는 뇌의 다양한 영역이 서로 협력해서 작동합니다. 따라서 언어능력을 키우려면 뇌의 언어 처리 과정에서 작동하는 청각피질, 베르니케 영역, 브로카 영역, 시각피질, 운동피질 등을 적절하게 자극해야 합니다.

청각피질과 베르니케 영역을 자극하기 위해서는 다양한 듣기 훈련을 해야 합니다. 기본은 다양한 자극입니다. 듣기 능력을 키우려면 다양한 언어와 억양을 접해야 합니다. 들으면서 동시에 따라 하거나, 일정 시간 동안 들은 뒤 스스로 정리하는 연습을 하면 듣기 능력이 향상됩니다.

브로카 영역과 운동피질을 자극하기 위해서는 평소에 쓰지 않는 표현을 쓰는 게 좋습니다. 맛있는 음식을 먹고 나서 '대박!', '맛있다.', '정말 맛있어.' 정도로만 반응하지 말고, '부드럽고 촉촉한데 바삭함을 놓치지 않았어.', '톡 쏘는 얼큰함과 상큼한 시원함이 나란히 걷는 맛이야.'와 같이 새로운 어휘와 표현을 일부러 써보는 것이죠. 정확하지 않더라도 일상생활에서 새로운 어휘와 표현을 자꾸 쓰면 뇌의 언어영역이 자극됩니다. 정확하게 발음하는 뉴스 앵커를 따라 해보거나, 연기력이 좋은 배우를 흉내 내보는 것도 좋습니다. 당연히 일상생활에서 다양한 대화를 나누고, 토론을 즐기는 것도 말하기 실력을 키우는 방법입니다.

읽기 능력을 향상하기 위해서는 시각피질과 각회를 훈련해야 합니다. 시각피질과 각회를 자극하려면 다양한 글을 늘 가까이 두고 읽어야 합니다. 특히 글을 소리 내어 읽으면 참 좋습니다. 낭독을 하면 시각피질, 브로카 영역, 운동피질이 동시에 활성화됩니다. 긴 글을 읽고 짧게 요약하면 베르니케 영역과 전전두엽이 활발해집니다. 책을 읽고 나서 의견을 나누면 베르니케 영역과 브로카 영역이 동시에 활발하게 움직입니다.

뇌는 반복적으로 훈련하면 그 연결망을 강화하고, 연결망이 강화되면 능숙하게 그 일을 해냅니다. 글쓰기도 마찬가집니다. 따라서 글쓰기 능력을 키우는 방법은 아주 간단합니다. 늘 쓰면 됩니다. 하지 않고 어떤 일을 잘할 수는 없습니다. 요리 한 번 해보지 않고 요리를 잘할 수 있을까요? 공 한 번 차지 않고 축구를 잘할 수 있을까요? 뭐든 해봐야 합니다. 많은 사람이 글쓰기를 어려워하는 이유는 간단합니다. 꾸준히 쓰지 않기 때문입니다. 남이 쓴 글을 필사하고, 자기 생각을 자유롭게 써보고, 오늘 있었던 인상적인 경험을 계속해서 기록하면 글솜씨는 자연스럽게 늡니다.

뇌과학의 지식을 사용하지 않더라도 언어능력을 키우는 방법은 익히 알려져 있습니다. 다양한 주제로 대화하고, 감정을 자유롭게 표현하며, 자기 의견을 논리적으로 말하고, 풍부한 표현을 익히고, 늘 책을 가까이하며, 글을 쓰는 습관을 들이면 됩니다. 다 알고 있죠. 다만 대부분은 알면서도 실천하지 못할 뿐입니다.

인지혁명 : 허구적 상상

7만 년 전 인간 뇌에서 벌어진 인지혁명은 언어와 허구적 상상을 통해 이루어졌습니다. 허구적 상상의 핵심은 '이야기'입니다. 앞에서 인간의 뇌는 정보를 파일 형태가 아니라 이야기로 기억한다고 설명했지요. 그래서 이야기를 많이 접하고, 이야기를 자주 하라고 했습니다.

허구적 상상의 또 다른 핵심은 '패턴 분석'입니다. 패턴은 반복입니다. 인간의 뇌는 언제 어디서나 규칙성을 발견하려 합니다. 뇌가 '예측 기계'란 말 기억하시죠? 패턴을 발견해야 미래를 예측해 불확실성에 효과적으로 대비할 수 있습니다. 과거에 단 한 번 특정한 상황에서만 적용된 경험은 뇌에게는 아무런 쓸모가 없습니다. 같은 상황이 앞으로 반복될 가능성이 있을 때 뇌는 거기에서 패턴을 발견하려 합니다.

지구 위에서 모든 상황과 조건이 똑같은 일은 반복되지 않습니다. 그렇지만 본질에서 같거나, 비슷한 일이 반복되는 경우는 무척 많습니다. 패턴은 동일성이 아니라 유사성입니다. 패턴을 알면 앞으로 벌어질 다양한 사건에 대비할 수 있고, 경험을 바탕으로 새로운 것을 만들 수 있습니다.

과학은 가장 대표적인 패턴입니다. 자연 속에서 숨겨진 패턴을 찾아서 법칙으로 확립하는 것이 과학이지요. 패턴을 알고 나면 그것을 활용할 수 있습니다. 원자 세계에서 작동하는 패턴인 양자역학을 알게 되자, 인류는 새로운 컴퓨터 문명을 일궈냈습니다. 물리와 화학 법칙으로 수많은 발명품을 만들고, 생명의 법칙을 파악해 아픈 사람을 치료하고 질병에 맞서고 있습니다.

AI는 패턴을 발견하는 영역에서 뛰어난 능력을 발휘합니다. 인공지능은 잠재적 패턴을 찾는 데 특화된 프로그램입니다. 패턴이 없으면 AI는 무능해집니다. 인간의 행동, 생각, 문화, 법, 언어, 의학, 경제 등 거의 모든 영역에는 패턴이 있고, AI는 그 패턴을 파악하기에 깜짝 놀랄 만한 능력을 발휘하는 것입니다. AI는 인간 뇌의 작동을 흉내 낸 것이고, 그 핵심은 패턴에 있습니다.

패턴이란 반복입니다. 패턴이 같으면 겉은 달라 보여도 알맹이는 같습니다. 모습은 다르지만 본질은 동일합니다. 이런 패턴을 '개념'이라고 하고, '법칙'이라고도 하며, '공식'이라고도 합니다. 인공지능은 개념, 법칙, 공식을 대규모 데이터를 바탕으로 추출하여 구체적인 상황에서 적용하는 컴퓨터 프로그램입니다.

패턴 학습법

공부 머리의 능력치를 키우기 위해서는 패턴을 찾고, 패턴을 활용하려는 뇌의 특성을 적극적으로 활용해야 합니다. 인공지능의 경우 패턴을 찾기 위해서는 수많은 데이터가 필요합니다. 뇌는 반복되는 특성을 잡아내 패턴으로 인식합니다. 아주 강렬한 인상을 주는 사건이나 지식이 아닌 한 뇌가 학습한 내용을 장기기억으로 저장하기 위해서는 반복해서 접해야 합니다. 반복되면 뇌는 그 지식과 정보를 패턴으로 인식해 장기기억에 담아둡니다. 반복되는 것에는 패턴이 있고, 뇌에게 패턴은 예측에 써먹을 중요한 지식과 정보이기 때문입니다.

반복이 효과를 발휘하기 위해서는 같은 내용을 짧은 시간 안에 여러 번 반복하는 것보다 일정한 간격을 두고 반복하는 것이 훨씬 좋습니다. 일정한 주기로 학습 내용을 다시 접하는 과정에서 뉴런 간의 연결이 점진적으로 강화되기 때문입니다. 시험을 앞두고 벼락치기를 하거나 학원에 가기 전에 빠르게 영어 단어를 암기하는 방식으로 공부하는 학생들이 많은데, 그런 학습으로는 지식이 장기기억으로 넘어가지 않습니다. 영어 단어를 한꺼번에 100개 몰아서 외우는 것보다 10개씩 나눠서 며칠에 걸쳐 반복하는 게 훨씬 암기가 잘됩니다. 수학 문제도 몰아서 푸는 것보다 시간 간격을 두고 반복할 때 훨씬 뇌가 기억을 잘합니다. 이는 간격을 두고 반복했을 때 뇌 네트워크의 연결이 더 잘 이루어지고, 뇌가 반복된 지식을 하나의 패턴으로 인식해 더 잘 기억하기 때문입니다.

패턴은 단순화입니다. 복잡한 세상을 간단한 원리와 법칙으로 이해하는 것입니다. 우리의 뇌는 복잡한 세상을 단순화하여 받아들이는 것을 잘합니다. 정보와 지식이 복잡하면 뇌에 과부하가 걸립니다. 그렇지만 복잡한 그림을 단순한 그림으로 바꾸고, 복잡한 데이터는 핵심만 추려서 요약하고, 긴 이야기는 간단한 구조로 만들고, 뒤죽박죽인 사건은 인과관계로 깔끔하게 정리하면 쉽게 받아들입니다. 그래서 학습할 때 자기 방식으로 핵심을 요약하고, 단순화하는 연습을 해야 합니다.

뇌는 언어와 패턴이라는 가상 세계를 만들어 인간을 차원이 다른 존재로 탈바꿈시켰습니다. 언어와 패턴은 세상에 존재하지 않는 가상의 세계이며, 그 가상 세계가 점점 발전하여 사이버 세상이 되었고, 사이버 세상은 마치 실재처럼 작동하고 있습니다.

각각의 인간에게는 7만 년 전 놀라운 인지혁명을 이뤄낸 뇌가 있습니다. 인지혁명이 인류를 바꾸었듯이, 자신의 뇌가 지닌 잠재력을 적절하게 깨운다면 자기 자신뿐 아니라 인류 문명을 바꿀 수 있습니다.

관심이 뇌를 깨운다

: 집중력 향상법 :

    일상생활에서 챙겨야 할 물건을 놓고 나가거나, 꼭 해야 할 일을 잊어서 낭패였던 경험은 누구에게나 있습니다. 안방에서 거실로 어떤 일을 하려고 나갔다가 뭘 하려고 나갔는지 잊고 돌아오기도 하고, 뭔가 떠올라 전화를 걸었는데 막상 통화가 이루어진 뒤에는 무슨 얘기를 하려고 했는지 잊기도 합니다. 휴대폰에 의존하며 지내다 보니 일정을 휴대폰에 기록해 두지 않으면 까먹습니다. 그래서 일정이 잡히면 곧바로 앱에 기록해서 알람이 울리도록 합니다. 이런 증상이 꼭 나이가 들어야 생기는 것은 아닙니다. 아이들도 해야 할 숙제를 잊고 하지 않거나, 게임을 하느라 제시간에 학원에 가지 못하는 경우도 많습니다.

현대인은 바쁩니다. 아이들도 바쁩니다. 뇌가 하나에 집중할 여력이 없습니다. 신경을 써야 할 데가 지나치게 많습니다. 휴대폰, SNS, 인터넷은 쉴 새 없이 우리에게 정보를 쏟아냅니다. 인터넷을 열면 언제나 검색이 가능하기 때문에 기억할 필요도 잘 느끼지 못합니다. 굳이 자기 머리로 외우고 이해하는 과정을 거치고 싶지 않습니다. 이런 습관이 누적되면서 집중력이 떨어지고, 깜빡깜빡하는 일이 잦아집니다.

인터넷을 검색하면 기억력이 출중한 사람이 여럿 나옵니다. 기억력의 천재들이 소개하는 기억의 비법은 매우 다양하지만, 모두가 일관되게 강조하는 것은 바로 '관심과 집중'입니다. 관심을 기울이고 집중하면 기억이 잘됩니다. 두 가지 이상의 일을 동시에 잘할 수 있다고 말하는 사람도 있는데, 뇌는 두 가지 일을 동시에 처리하지 못합니다. 동시에 처리하는 것처럼 보여도, 한 번에 하나씩 처리합니다. 아주 빠르게 집중의 대상이 바뀌기 때문에 마치 한꺼번에 여러 개를 하는 것처럼 착각을 일으킨 것이죠.

그러면 뇌는 어떤 때 집중을 잘할까요?

첫째, 뇌는 재미있을 때 집중합니다. 사람은 기쁨을 원하며 고통을 싫어합니다. 사람은 즐거운 느낌을 지속적으로 얻기를 바랍니다. 즐거움에 빠지면 뇌는 계속 그것을 갈망하고, 기쁨을 얻기 위해 네트워크를 작동시킵니다.

둘째, 뇌는 생존하기 위해서 집중합니다. 맹수들이 언제 닥칠지 모르는 사바나와 정글에서 인간은 살기 위해 모든 신경을 곤두세워야 했습니다. 안전해지면 주의를 집중할 이유가 없습니다. 먹고 살기 위해 채집과 사냥을 하고, 주변의 위험을 파악하고, 중요한 결정을 내려야 할 때 뇌는 집중력을 발휘합니다. 모든 에너지를 생존에 쏟아붓습니다. 재미와 필요, 뇌의 집중력이 작동하는 기본 바탕입니다.

집중력 향상법 ① : 도파민 보상

사람은 놀기 좋아합니다. 여건만 갖춰진다면 다들 놀고 싶어 합니다. 놀이에 빠져들면 뇌의 핵심 보상 시스템인 도파민이 분비됩니다. 도파민은 뇌를 즐겁게 합니다. 음식을 맛있게 먹었을 때, 원하는 물건을 얻거나 목표를 달성했을 때도 도파민이 분비되어 뇌에 즐거움을 선사합니다. 그래서 도파민을 뇌의 '보상 시스템'이라고 부릅니다.

뇌는 도파민을 바라며 계속해서 즐겁고 기쁜 일을 추구합니다. 도파민이 분비되는 일을 더 열심히, 부지런히 하고 싶어 하죠. 재미있게 몰두하니 능숙해지고, 그로 인해 행복해집니다. 이처럼 도파민은 인간 행동의 '동기'입니다.

보상에 따라 행동이 강화되는 뇌의 작동 원리를 활용한 학습법이 '강화학습'입니다. 강화학습은 동물들을 훈련할 때 자주 사용하며, 교육 현장에서도 다양하게 활용되고 있습니다. 특히 강화학습은 AI를 개발하는 핵심 방법입니다. 보상은 AI가 어떤 행동을 수행했을 때 받는 피드백으로, 목표 달성을 촉진하는 역할을 합니다. 사람이 어떤 행동을 했는데 주변에서 칭찬하면 그 행동을 반복하는 것처럼, AI도 보상을 받으면 그 선택을 강화합니다. AI의 성능은 보상을 얼마나 잘 설계하는지에 달렸습니다. 잘 설계된 보상 시스템은 AI가 효율적으로 목표를 달성하도록 유도하지만, 부적절한 보상 체계는 원치 않는 결과로 이어질 수도 있습니다.

AI 개발에서도 적절한 보상이 중요하듯이, 공부 머리의 '집중력'을 높이기 위해서도 적절한 보상 체계가 중요합니다. 집중력은 강한 동기에서 나오고, 동기는 보상을 통해 강화할 수 있습니다. 보상은 개인적인 성취감이나 만족감일 수도 있고, 주위의 인정이나 칭찬일 수도 있으며, 물질적인 선물이나 휴식일 수도 있습니다. 그게 무엇이든 보상이 주어지면 뇌는 긍정적인 피드백을 받고 그 행동을 다시 반복하려 합니다. 따라서 보상할 때는 뇌의 특성을 잘 알고 활용해야 합니다.

첫째, 도파민은 실제로 보상받았을 때보다 보상을 '기대'할 때 더 강하게 분비됩니다. 즐거운 여행길에서 가장 도파민이 많이 분비되는 순간은 여행을 떠나기 직전입니다. 여행의 즐거움을 기대하기 때문이죠. 뇌는 가상 세계에 살며, 미래를 시뮬레이션하는 예측 기계입니다. 즐거움이 예측될 때, 즉 기대가 최고에 이를 때 도파민이 가장 많이 분비됩니다. 그러니 공부 머리의 동기를 강화하고, 집중력을 높이려면 보상에 기대감을 품게 해야 합니다. 학습 주체가 스스로 열심히 공부하면 보상받는다는 기대감을 품게 만들어야 합니다.

둘째, 도파민은 예측하지 않았던 보상이 주어질 때 강하게 분비됩니다. 뇌가 전혀 기대를 안 했는데 느닷없이 행복한 순간이 닥치면 기쁨이 그 어느 때보다 충만해집니다. 그래서 게임에서는 랜덤으로 아이템을 획득하는 무작위 보상 시스템을 배치합니다. 예상치 못한 보상을 받으면 게임 사용자의 뇌에서는 도파민이 강하게 분비되고, 그 쾌감을 잊지 못해 더더욱 그 게임에 몰입합니다. 그러니 갑자기, 느닷없이, 작은 성취를 이루었을 때 전혀 기대하지 않았던 보상을 해주면 도파민이 급격하게 분비되면서 동기와 집중력이 치솟습니다.

셋째, 보상은 몰아서 한꺼번에 주는 것보다 그때그때 주어져야 효과적입니다. 보상은 장기간의 과제 후에 주어지는 것보다 단기간에 즉각적으로 이루어질 때 동기를 유발하고 집중력을 높입니다. 이는 인공지능 학습에서도 똑같이 작동합니다. 예를 들어 알파고는 바둑을 학습할 때 바둑의 승패가 나온 뒤가 아니라, 한 점 둘 때마다 피드백을 해주는 방식으로 보상함으로써 실력이 빠르게 향상되었습니다. 다이어트를 할 때도 6개월에 10kg을 빼겠다는 식으로 목표를 설정하는 것보다 일주일에 0.5kg 을 줄이겠다는 식으로 단기간의 목표를 설정하고 보상을 주는 게 효과적입니다.

공부도 마찬가지입니다. '대학입시에 성공하면 네 마음대로 해도 돼.'와 같은 보상은 지금 당장의 행동을 바꾸는 데 큰 영향을 끼치지 못합니다. 이 순간, 바로 얼마 뒤에 주어지는 보상을 기대할 때 뇌는 행동을 강화합니다.

넷째, 처벌은 행동을 바꾸지 못합니다. 도파민은 긍정적인 보상이 주어졌을 때 분비됩니다. 잘못했을 때 가해지는 처벌은 도파민 분비를 억제합니다. 그렇다고 잘못을 지적하거나 야단을 치지 말라는 뜻은 아닙니다. 나쁜 행동을 하지 못하도록 처벌할 수는 있습니다. 그러나 처벌로 긍정적인 행동을 유도할 수는 없습니다. 왜냐하면 긍정적인 행동은 오직 도파민 보상 시스템에 의해서만 이루어지기 때문입니다.

처벌은 나쁜 행동을 하지 못하도록 하는 데 유용하고, 보상은 긍정적인 행동을 유도하는 데 유용합니다. 그러므로 부정적인 행동을 제어할 때도 처벌보다는 긍정적인 행동의 방향을 제시해 주는 것이 더 낫습니다. 예를 들어 약속을 지키지 않는 아이를 야단치기보다는 약속을 지켰을 때 보상을 해주는 것이 약속을 안 지키는 습관을 고치는 데 더 유용합니다. 인간은 긍정적인 면에 길들면 자연스럽게 부정적인 행동을 멀리합니다.

집중력 향상법 ② : 놀이와 유대감

아이들은 참 놀이와 게임을 좋아합니다. 사실 아이만 그런 것은 아닙니다. 어른들도 놀이와 게임을 좋아합니다. 어른들도 일하기보다는 놀고 싶어 합니다. 게임을 좋아하지 않아도 게임 요소가 들어간 스포츠를 좋아하는 어른들은 많습니다.

놀이와 게임은 단순한 오락이 아니라 뇌가 효과적으로 학습하는 방법입니다. 특히 어린 시기의 놀이 활동은 뇌 발달에 다면적인 영향을 끼칩니다. 놀이 활동을 하면 전전두엽이 활성화되어 문제 해결 능력과 창의적 사고가 향상됩니다. 왜냐하면 게임을 하는 동안 문제를 해결하기 위해 고민하고, 승리를 위해 창의적인 방법을 끊임없이 찾기 때문입니다. 무엇보다 놀이와 게임을 하는 동안 뇌는 즐거움에 빠져 극도로 몰입합니다. 뇌가 어떤 것에 몰입하면 공부 머리의 능력이 최대치로 올라갑니다.

놀이와 게임은 공부 머리의 능력을 키울 뿐 아니라 사회적 유대감도 단단하게 만들어줍니다. 인간은 사회적인 존재입니다. 수백만 년 동안 인류는 생태계에서 약자였고, 살아남기 위해서는 뭉쳐야만 했습니다. 언어도 사회적인 관계를 형성하는 과정에서 탄생했고,

사회적인 관계를 더 강화했죠. 인간의 뇌는 사회적인 관계를 형성하고 유지하는 데 최적화되어 있습니다. 사람들이 협력해서 운동하거나 놀 때는 신경전달물질인 옥시토신이 분비됩니다. 좋은 관계를 맺으면 옥시토신이 분비되어 행복한 감정이 들고, 옥시토신이 분비되면 관계가 더 친밀해집니다.

놀이와 게임은 뇌의 보상 시스템을 활성화하고, 학습 효과를 극대화하며, 사회적 유대를 강화합니다. 그래서 다양한 방법으로 놀이와 게임을 학습에 적용하려는 시도가 이어지고 있고, 실제 교육 현장에서 적용되고 있습니다. 학생들 대다수는 공부를 지겹고 힘겨운 노동으로 받아들입니다. 지겹고 힘겨우면 동기 부여도 힘들고, 집중도 잘 안 되며, 무엇보다 도파민이 분비되지 않습니다. 그래서 공부를 게임과 놀이에 접목할 수 있는 다양한 시도가 필요합니다.

집중력 향상법 ③ : 덕질과 초집중 학습

뇌는 절박해야 잠재력을 발휘합니다. 절박하면 뇌는 생존을 위해

숨겨두었던 모든 능력을 찾아서 활용합니다. 문제는 공부할 때 강제적으로 그러한 상황을 만들기 어렵다는 사실입니다. 미래에 대한 걱정만으로는 몰입하는 데 한계가 있습니다. 더구나 주변의 압력과 협박으로 그런 절박한 요구를 만들어내기는 어렵지요. 반면 자발적인 요구에 따라 계획적으로 집중하면 엄청난 양을 빠르게 공부할 수 있습니다. 자신의 의지와 계획에 따라 초집중이 일어나면 놀라운 학습 성과를 거둘 수 있습니다. 그렇지만 현실에서 의도적으로 자기 주도적 초집중을 끌어내기는 만만치 않습니다.

그런데 오랫동안 아이들을 만나오면서 저는 아주 쉽게, 누구나 최고의 집중 상태를 만들어내는 방법을 발견했습니다. 그것은 바로 '편독'과 '덕질'입니다.

아이들은 읽은 책을 보고 또 봅니다. 책 겉면이 너덜너덜해질 때까지 읽고 또 읽습니다. 조금 더 나아가면 특정한 분야의 책을 깊이 파고듭니다. 공룡, 역사, 전쟁, 생물 등 관심 분야를 끊임없이 파고들며 책을 읽고 탐구를 이어갑니다. 편독은 자발적인 초집중 학습입니다. 그러니 아이가 편독하면 손을 들어 환영해야 합니다.

주변을 보면 덕질에 빠지는 청소년이 꽤 많습니다. 덕질이란 '자신이 좋아하는 분야에 푹 빠져서 탐구하고 즐기는 행위'를 뜻합니다. 덕질을 좋지 않게 보는 시선도 있지만 학습 면에서 보면 유익한 점이 많습니다. 덕질을 하는 이들은 관련 정보를 광범위하게 수집할 뿐 아니라 방대한 정보와 지식을 세세하게 잘 기억합니다. 굳이 외우고 문제를 풀지 않았는데도 속속들이 압니다. 왜냐하면 초집중 학습이 자연스럽게 이루어지기 때문입니다. 스스로 자료를 찾고, 뇌가 최대의 능력을 발휘해 정보를 받아들이는 모습은 매우 바람직한 학습 형태입니다. 덕질을 할 정성으로 공부했으면 명문대에 갈 수 있다는 말은 타당합니다.

편독과 덕질은 자신의 필요로 작동하기에 최고의 집중 상태를 불러옵니다. 편독과 덕질은 열정을 불러일으킵니다. 그렇게 한 분야를 파고든 경험이 두둑하게 쌓이면 어느 분야든 노력해서 최고 경지에 이를 수 있다는 자신감이 생깁니다. 제가 만난 중3 여학생은 일본 애니메이션에 관한 정보를 알기 위해 일본 사이트를 드나들다가 일본어를 유창하게 할 정도로 터득했고, 늘 영화를 즐겨보는 해외영화 덕후인 한 제자는 영화에 관한 정보를 얻기 위해 영어로 된 사이트와 커뮤니티를 돌아다니다 영어를 원어민 수준으로 사용하는 능력자가 되었습니다.

편독과 덕질은 지적인 호기심을 자극한다는 점에서도 유익합니다. 흥미는 '놀라움'에서 비롯합니다. 뇌는 지적인 흥분을 느껴야 그 지식을 소중하게 보관합니다. 요즘은 지적인 호기심과 열정이 넘치는 학생을 보기 어렵습니다. 그저 입시를 위해, 공부해야 하니 어쩔 수 없이 공부하는 경우가 대부분입니다. 하지만 편독과 덕질은 지적인 호기심을 회복하게 해줍니다. 앎에 대한 열망을 일깨웁니다.

호모사피엔스는 종족의 특성상 호기심 덩어리입니다. 늘 새로운 지식을 갈망합니다. 안전을 바라지만 지루함은 싫어합니다. 호모사피엔스 고유의 호기심이 지금의 현대 문명을 일군 원동력의 하나입니다. 편안함에 머물렀다면 인간 문명은 수백 년 전 상태에 머물렀을 것입니다. 현대에 들어서 쏟아지는 정보와 지식은 도리어 인간의 지적인 호기심을 약하게 하고 있습니다. 너무 많은 정보가 쏟아지니 감당하지 못하고 외면해 버립니다. 이럴 때 편독과 덕질은 사그라지는 지적 열망을 일깨우는 불쏘시개가 됩니다.

요즘 우리나라에서는 어르신들이 특정한 연예인을 좋아하며 따라다니고 춤도 추고 재미나게 노는 모습을 자주 볼 수 있습니다. 그 어르신들은 연예인을 덕질하며 열정을 회복하고 계십니다. 열정이 깨어나니 즐겁고, 삶에 활력이 돌며 몸과 마음의 건강이 모두 좋아집니다. 어르신들에게 여쭤보면 젊었을 때는 기억을 잘했는데 지금은 잘 기억하지 못한다고 말하는 분들이 많습니다. 그렇지만 기억은 나이와는 별 상관이 없습니다. 기억은 '관심'을 쏟는 정도에 좌우됩니다. 어릴 때는 모든 게 새롭고 흥미로운데, 나이가 들면 이미 익숙해져서 흥미가 느껴지지 않습니다. 새로움을 접할 때 솟아나는 놀라움도 없고, 무엇을 알고 싶다는 열정도 약해집니다. 그런 어르신들이 연예인 덕질을 하면서 흥미와 열정이 깨어나는 것입니다. 덕질이 얼마나 뇌에 긍정적인 영향을 끼치는지 보여주는 아주 좋은 사례입니다.

뇌의 먹이는 감각이다
: 다중 감각과 제2의 뇌 :

사람은 시각, 청각, 후각, 미각, 촉각으로 외부 세계를 감지합니다. 동물도 대부분 사람과 같은 감각을 갖추고 있습니다. 그런데 사람에게 전혀 없는 감각기관을 갖춘 동물도 있습니다. 상어는 피부의 로렌치니 기관을 이용해 물속에서 전기장을 감지해 먹잇감을 찾습니다. 철새는 자기장을 이용해 수천 킬로미터를 이동합니다. 꿀벌은 햇빛이 대기 중에서 편광되는 방향을 감지해 방향을 찾습니다. 박쥐와 돌고래는 초음파를 이용해 사물의 위치와 형태를 파악합니다. 물고기는 몸의 측선기관을 통해 물속의 압력 변화를 느낍니다. 인간에게는 없는 감각들이 그 동물의 뇌에서 어떤 이미지를 만들어내는지 무척 궁금하네요.

 인간의 눈, 귀, 코, 입, 피부를 통해 수용된 감각은 전기 신호로 바뀐 뒤, 감각 신경을 통해 뇌로 모입니다. 후각은 직접 대뇌로 전달되고, 나머지 감각은 뇌의 '시상'으로 모입니다. 시상은 어떤 정보가 중요한지 선별해서 불필요한 정보는 거르고 중요한 정보만 대뇌로 보냅니다. 대뇌에서 전해지는 운동 신호는 시상에 모였다가 각 운동기관으로 전달됩니다. 후각은 곧바로 대뇌로 전달되는데, 이 때문에 특정한 냄새를 맡으면 과거의 기억이 강하게 떠오릅니다.

 대뇌 피질은 감각별로 담당하는 피질 영역이 다릅니다. 시각은 후두엽의 시각 피질, 청각은 측두엽의 청각 피질, 촉각은 두정엽의 체감각 피질, 미각은 두정엽의 미각 피질, 후각은 전두엽 근처의 후각 피질에서 먼저 정보를 분석합니다. 신기한 점은 시각, 청각, 미각, 촉각, 후각을 받아들이는 장소와 방식은 달라도 대뇌 피질의 구조는 동일하며, 해석하고 처리하는 방식도 동일하다는 사실입니다. 감각을 처리하는 방식이 같기에, 시각을 잃으면 청각이나 촉각이 발달하는 현상이 벌어지는 것입니다. 만약 각 감각을 처리하는 방식이 다르다면 하나의 감각을 잃었을 때 다른 감각이 발달하는 현상이 일어날 수가 없지요. 이처럼 대뇌 피질은 감각을 해석하는 방식이 상당히 유연합니다.

1차로 처리된 정보는 연합 피질로 이동합니다. 연합 피질에서는 여러 감각을 통합하고 고차원적인 사고가 이루어집니다. 외부에서 들어온 감각을 종합해 의미를 만들어내고, 감각을 분석해서 대상의 정체를 파악합니다. 기억하고, 판단하고, 학습하고, 감정을 조절하고 문제를 해결하는 것도 모두 연합 피질에서 이루어집니다.

다중 감각으로 학습하라

이러한 뇌의 특징을 이용하면 공부 머리를 활성화하는 방법이 자연스럽게 나옵니다. 하나의 감각으로 받아들인 정보보다 다양한 감각으로 받아들인 정보가 더 정확하고 풍성합니다. 글을 눈으로만 보면 시각 피질만 자극이 되지만, 글을 눈으로 보면서 소리 내어 읽으면 시각 피질과 청각 피질, 운동 피질이 동시에 자극이 됩니다. 감각이 하나일 때보다 세 개일 때 훨씬 풍성한 신호가 뇌로 전달됩니다. 문자로만 정보를 받아들이는 것보다 이미지와 동영상 정보를 더해서 받아들이면 더 잘 이해하게 되는 이유는 자극의 다양성 때문입니다.

일상의 감각을 바꿔라

1차 정보처리뿐 아니라 연합 피질도 다중 감각으로 정보를 받아들일 때 더 활성화됩니다. 왜냐하면 같은 정보라도 다중 감각으로 들어오면 연합 피질이 더 많은 연결을 만들기 때문입니다. 앞에서 몇 번이나 강조했듯이 뇌는 네트워크이며, 네트워크는 연결될수록 강력한 힘을 발휘합니다. 인간의 뇌는 '파일'이 아니라 '이야기'로 기억한다고 했는데, 다중 감각으로 정보가 들어오면 자연스럽게 '맥락'이 만들어져서 기억이 더 강화됩니다.

뇌는 감각의 중추입니다. 감각에 변화가 없으면 뇌는 지루해합니다. 왜냐하면 과거에 해왔던 패턴으로 예측하면 되므로, 굳이 기억을 강화하거나 문제 해결을 위해 창의성을 발휘할 이유가 없기 때문입니다.

공부 머리를 강화하기 위해서는 감각에 변화를 주어야 합니다. 낯선 색깔, 소리, 촉감, 냄새, 맛으로 오감을 건드려야 합니다. 여행은 오감을 깨우는 요소를 바꾸는 좋은 방법입니다. 여행이 아니더라도 일상에서 감각에 변화를 주는 시도는 하면 할수록 좋습니다.

새로운 활동도 자꾸 시도해야 합니다. 잘하지 못해도 됩니다. 새로운 악기를 배우고, 해본 적 없는 운동에 도전하고, 낯선 나라의 언어를 익히는 것이죠. 꼭 잘하거나 완벽하게 습득하지 않아도 됩니다. 중요한 것은 시도입니다. 뇌가 익숙해질 만하면 새로운 도전에 나섬으로써 뇌가 끊임없이 각성하도록 두드려야 합니다.

냉온욕에 담긴 철학

목욕하는 방법 중에 냉온욕이 있습니다. 찬물에 들어갔다가 따뜻한 물에 들어가기를 반복하는 목욕법입니다. 아토피가 심한 아이들을 자연적으로 치료하는 방법으로도 잘 알려져 있습니다. 냉온욕을 하면 냉기와 온기가 번갈아 가며 피부를 자극합니다. 따뜻한 물에 계속 있으면 노곤해지거나 어지럼증이 생기기도 하는데, 찬물과 더운물을 오가면 정신이 선명하게 깨어나고 몸에 활력이 돕니다. 또한 피부의 탄력도 좋아지고, 노폐물 배출도 잘됩니다. 혈관도 탄성이 좋아져서 성인병 예방에도 좋습니다. 냉온욕은 피부의 냉점과 온점을 번갈아 자극하기 때문에 뇌 발달에도 좋습니다.

냉온욕은 인생을 닮은 목욕법이기도 합니다. 우리 삶은 언제나 온기만 흐르지 않습니다. 언제 어느 때 차가운 바람이 불지 모릅니다. 온기에 지나치게 익숙해진 사람은 작은 시련이 와도 무너져 버립니다. 그래서 평상시에 좋고 나쁨을 모두 경험해 봐야 합니다. "젊어 고생은 사서도 한다."라는 옛말은 인생의 진실이 담긴 명언입니다. 냉온욕은 안온함에 젖은 일상에 신선함을 불어넣음으로써 더 힘차게 하루를 살아내는 용기를 선사해 줍니다.

아이는 지나치게 감싸서 키우면 안 됩니다. 아이는 부모 품을 벗어나 언젠가 독립해야 하기 때문입니다. 독립은 스스로 자기 앞에 놓인 시련을 이겨내는 힘을 갖추었을 때 가능합니다. 단번에 찬물에 내놓아서는 안 되겠지만 조금씩 찬물에 적응할 수 있도록 보호의 울타리를 넓히고, 고통과 시련을 자기 힘으로 버틸 수 있게 지원해야 합니다. 자녀 교육의 원리, 냉온욕의 건강 원리, 다중 감각을 통한 두뇌 발달 원리는 겉모습은 달라도 근본은 같습니다.

음식과 뇌의 관계

　뇌에 자극을 가하기 위해서는 음식에도 변화를 주면 좋습니다. 그런데 낯선 음식을 계속해서 먹는 것은 쉽지 않습니다. 미각은 다른 감각들보다 낯선 감각을 받아들이기 싫어합니다. 왜냐하면 음식은 곧바로 생명이나 건강과 직결되기 때문입니다. 뇌는 이미 검증된 음식을 먹어야 안전하다고 예측합니다. 낯선 음식을 함부로 먹었다가 건강이 나빠질 수 있기 때문에 미각은 다섯 감각 중에 가장 보수적입니다. 그래서 의도적으로 변화를 주어야 합니다. 일부러 낯선 음식을 먹고, 새로운 맛을 찾아 즐겨야 합니다. 당연히 몸에 좋고 뇌 건강에 도움이 되는 음식을 챙겨 먹어야지요. 특히 입맛이 형성되는 유아기에는 뇌를 적절하게 자극하는 음식을 잘 먹여야 합니다.

 이유식 기간은 한 사람이 평생 먹을 음식을 처음으로 받아들이는 역사적인 과정이기도 합니다. 초기 이유식에는 한 번에 한 가지 재료만 써서 아기가 음식 맛을 충분히 느끼게 해야 합니다. 처음부터 여러 가지 맛을 섞어서 먹이면 음식 재료가 지닌 고유의 맛을 두뇌가 명확히 구분하지 못합니다. 두뇌 발달에도 재료 고유의 맛을 느끼는 경험이 더 좋습니다. 뇌가 확실하게 신호를 구분해서 받아들이는 훈련이 되기 때문입니다.

 요즘은 편식하는 아이들이 참 많습니다. 편식은 몸 건강뿐 아니라 뇌 건강에도 좋지 않습니다. 뇌는 인체에서 가장 많은 에너지와 영양을 소모하는 기관입니다. 뇌가 활발하게 돌아가기 위해서는 영양을 골고루 섭취해야 합니다. 부모들도 이를 알기 때문에 아이의 편식 습관을 고치기 위해 이런저런 시도를 하지만 쉽게 성공하지 못합니다. 어떻게 하면 편식을 고칠 수 있을까요?

 몇 번 강조했듯이 뇌는 예측 기계입니다. 예측은 과거의 경험을 바탕으로 이루어집니다. 그래서 첫 경험이 중요합니다. 첫 경험이 나쁘면 다시는 그 경험을 하고 싶지 않게 됩니다. 그래서 새로운 음식을 먹게 하려면 첫 대면에서 좋은 인상을 줘야 합니다. 저는 대학 때 처음으로 순대를 먹었는데 맛이 고약했습니다. 토하기까지 했지요. 그래서 거의 20년 동안 순대를 먹지 않았습니다. 20년이 지난 뒤 우연히 아주 맛있는 순대를 먹게 되었고 그 맛에 놀랐습니다. 새로운 경험이었지요. 그 새로운 경험이 순대에 대한 거부감을 세거해 준 덕분에 그 뒤로는 순대를 맛있게 즐기게 되었습니다. 새로운 경험이 예측을 바꾸었고, 바뀐 예측이 제 입맛도 변화시켰습니다.

우리의 감각은 감각기관이 전해주는 전기 신호를 그대로 받아들이지 않습니다. 뇌는 과거의 경험을 바탕으로 자극을 해석해서 자기 방식대로 받아들입니다. 그러니 새로운 맛을 받아들이려면 예측 시스템을 바꿔줘야 합니다. 예측이 바뀌면 인식이 바뀌고, 인식이 바뀌면 행동과 습관도 변화합니다. 입맛은 추억, 즉 뇌의 기억에 절대적인 영향을 받습니다. 우리가 즐겨 먹는 음식에는 대부분 좋은 추억이 깃들어 있습니다.

제2의 뇌

좋은 음식을 골고루 먹어야 하는 것은 뇌와 몸의 건강을 위해서이기도 하지만, 그에 못지않게 중요한 이유가 하나 더 있습니다. 제2의 뇌로 불릴 만큼 감정과 의식에 큰 영향을 끼치는 '장' 때문입니다.

마이크로바이옴(Microbiome)이란 인간과 동물뿐 아니라 다양한 환경에서 공존하며 서식하는 미생물 군집을 지칭합니다. 최근에는 사람 몸 안의 마이크로바이옴에 대해 활발하게 연구 중인데 장 속의 마이크로바이옴에 대한 연구가 가장 활발하게 이루어지는 중입니다.

인간 몸의 세포는 약 10조 개인데, 몸에서 살아가는 미생물의 세포 수는 약 100조 개에 달합니다. 세포의 숫자만 놓고 보면 우리 몸은 독립된 개체라기보다 하나의 생태계라고 보는 게 타당합니다. 미생물은 우리 몸의 다양한 곳에서 살아가는데, 가장 많은 미생물이 살아가는 곳이 장입니다.

장 속의 마이크로바이옴은 음식이 들어오면 먹어 치우기만 하는 존재들이 아닙니다. 그들은 소화를 도와 장 건강을 유지하고, 병원

성 미생물의 증식을 억제하며, 면역세포의 활성화 정도를 조절하여 면역 과민 반응을 방지합니다. 또한 비만, 당뇨, 염증성 장 질환, 심혈관 질환, 심장병, 우울증, 자폐증 등도 마이크로바이옴의 영향을 받습니다. 장내 미생물은 신경전달물질의 생성을 조절하는데, 세로토닌의 약 90%가 장에서 생성됩니다.

 사람을 이루는 세포는 끊임없이 새롭게 만들어지고, 그 세포는 우리가 먹는 음식에 의해 만들어집니다. 그러므로 우리가 먹는 음식이 곧 우리의 몸입니다. 잘못된 식습관은 몸을 이루는 세포에 문제를 일으킵니다. 또한 우리 몸보다 10배나 많은 세포로 이루어진 장내 미생물에도 나쁜 영향을 끼칩니다. 나쁜 식습관은 장에 나쁜 미생물이 번식하게 하고, 이는 온갖 질병의 원인이 됩니다. 장내 마이크로바이옴의 구성이 나빠지면 무기력증, 우울증과 같은 정신적인 문제도 발생합니다.

 우리는 스트레스를 받으면 자극적인 음식을 많이 먹습니다. 이는 미각을 통해 뇌에 강렬한 신호를 보내서 뇌에 스며든 스트레스를 날리고 새로운 기운을 불어넣으려는 의도입니다. 그런데 자극적인 음식은 장의 환경을 악화시키고, 이로 인해 마이크로바이옴의 상태가 나빠집니다. 즉 스트레스를 없애기 위해 먹는 자극적인 음식이 장기적으로는 스트레스에 더 취약한 정신 상태를 만드는 것입니다.

공부 머리를 위해서도 식습관은 매우 중요합니다. 좋은 마이크로바이옴은 강한 동기와 긍정적인 심리 상태를 만들지만, 나쁜 마이크로바이옴은 무기력과 부정적인 정서를 조장하기 때문입니다. 의욕이 없고 부정적인 느낌에 사로잡힌 상태에서는 학습에 필요한 집중과 노력, 이해력과 암기력이 제대로 발휘될 수 없습니다. 공부하느라 바쁘다는 핑계로, 공부하면서 받는 스트레스 풀겠다는 핑계로 인스턴트 음식을 먹는 습관을 들이면 몸뿐 아니라 뇌도 나빠집니다. 좋은 음식을 먹어야 공부 머리도 좋아집니다.

뇌도 소식해야 한다

: 동기와 꿈 :

　인간의 뇌는 생존에 필요한 자원이 부족할 때 결핍감을 느낍니다. 결핍감이란 신경전달물질과 뇌의 특정 회로가 작동하여 나타나는 반응입니다. 몸에 필요한 영양분을 제대로 섭취하지 못하면 허기가 집니다. 흔히 '당이 떨어졌다.'라고 말하는데, 이는 신체 에너지의 20%를 사용하는 뇌에 필요한 포도당이 부족할 때 시상하부에서 허기를 알리는 신호를 보내기 때문에 일어나는 감정입니다. 몸에 필요한 에너지가 부족하니 빨리 음식을 공급하라는 뇌의 명령인 것이지요.

수면이 부족하면 해마의 기능이 저하되고, 편도체가 과도하게 활성화되며, 도파민 분비가 감소합니다. 그로 인해 기억력이 떨어지고, 감정 조절이 어려워지며, 뭔가를 하고 싶은 동기도 생기지 않습니다. 수면이 부족하면 뇌는 잠을 자라는 신호를 계속 보냅니다. 허기가 느껴지면 사람은 그 무엇보다 먹는 데 우선순위를 두고, 졸리면 어떡하든 잠부터 자려고 합니다. 즉 배고픔과 졸음은 결핍감이며, 결핍감은 행동을 유발하는 강한 동기로 작동합니다.

사람은 식욕, 수면욕과 같은 기본적인 생존 욕구가 채워져도 심리적인 결핍감을 느끼는 경우가 많습니다. 삶에 적절한 변화가 일어나고 가치 있는 목표를 달성하면 도파민이 분비되면서 뇌는 만족감을 느끼고 새로운 도전에 나설 의욕이 생깁니다. 반면 오랫동안 변화 없는 단조로운 생활을 반복하면 의욕이 떨어지고 지루해집니다. 아무리 공부를 열심히 해도 성적이 오르지 않으면 무기력해집니다. 실패가 반복되고 변화가 없으면 우울감에 빠지며 심리적인 아픔을 겪습니다. 모두 도파민 부족으로 인해 발생하는 고통입니다.

세로토닌은 행복감과 안정감을 조절하는 신경전달물질입니다. 관계가 원만하고 인생이 만족스러우면 세로토닌이 분비되면서 충만한 느낌을 받습니다. 그러나 사회적으로 고립되고 외로움이 지속되면 세로토닌이 감소하여 우울감과 불안감이 증가합니다.

사회적 관계망이 탄탄하면 옥시토신이 분비되면서 신뢰감이 형성되고 마음이 편안해집니다. 코로나19 팬데믹 기간 중 사회적 교류가 줄어들면서 많은 이들이 외로움으로 고통받았습니다. 외롭게 지내다 보니 옥시토신이 잘 분비되지 않고, 신뢰감이 형성되지 않으면서 불안에 빠져든 사람들도 많아졌습니다.

인간은 지루함, 불안함, 외로움, 우울감, 소외감을 느끼며 살기를 원하지 않습니다. 도파민, 세로토닌, 옥시토신이 결핍된 환경에 놓이길 원치 않습니다. 인간이 꿈꾸는 삶이란 뇌의 관점에서 보면 도파민, 세로토닌, 옥시토신 등의 신경전달물질이 만족스럽게 분비되어 뿌듯함, 안정감, 행복감, 신뢰감을 느끼는 것입니다. 이러한 신경전달물질이 충분히 분비되는 삶을 이루고 싶다는 욕망을 우리는 흔히 '꿈'이라는 이름으로 거창하게 부릅니다. 현실에서 행복해지는 꿈을 이루는 게 어렵다고 느끼는 사람들은 마약, 도박 등과 같은 잘못된 길을 선택해 신경전달물질을 채우려고 합니다. 마약과 도박은 일시적으로 신경전달물질을 공급하지만 말 그대로 일시적이기에 중독에 빠지고, 인생은 파멸의 길로 떨어집니다.

꿈보다 도파민

욕망은 결핍감과 짙은 관계가 있습니다. 결핍은 욕망을 불러일으키죠. 인간은 있는 것에 만족하기보다 없는 것을 갈망합니다. 사람들은 대부분 20대 이후에는 그전까지 익숙했던 것을 반복하거나, 이전의 삶에서 결핍된 것을 욕망하며 삽니다. 익숙함은 관성대로 사는 것이고, 결핍감은 새로움을 바라는 것입니다. 그래서 꿈은 미래에 이루고 싶은 현재의 욕망, 현재의 결핍감이 강력하게 반영된 욕망입니다.

우리 사회는 '꿈'을 신성시합니다. 꿈을 꾸라고 하고, 꿈을 향해 노력하고 도전하는 모습을 찬양합니다. 그런데 정말 꿈은 멋지고 좋기만 한 것일까요?

　불교에서는 사람이 여덟 개의 고통(八苦, 팔고)을 겪는다고 합니다. 팔고 중에 '구부득고(求不得苦)'가 있는데 이는 '구하여도 얻지 못하는 고통'입니다. 꿈은 이루면 큰 행복을 선물해 줍니다. 인생에서 더할 나위 없는 기쁨을 만끽하게 하지요. 그러나 꿈이 '구부득고'가 되는 경우가 참으로 많습니다. 왜냐하면 꿈은 거창한 목표라서 이루기 쉽지 않기 때문입니다. 큰 꿈은 '구부득고'가 되어 큰 고통으로 돌아오는 경우가 흔합니다.

　현대인들은 대부분 돈과 편안함, 자유를 꿈꿉니다. 아이들도 마찬가지입니다. 겉으로는 이러저러한 꿈을 말하지만, 속내를 솔직하게 꺼내도록 하면 다들 돈과 편안함과 자유를 욕망합니다. 지금의 삶이 불안하고 부자유스럽기에 편안함과 자유를 갈망합니다. 그리고 돈이 불안을 없애고 자신의 소망을 이루어 줄 거라고 믿습니다. 돈을 버는 수단이 직업이니, 직업이 꿈이 되는 것이죠. 그렇지만 사실 꿈이 곧 직업은 아닙니다. 직업은 인생에서 거쳐 가는 수많은 인연 중 하나일 뿐입니다.

　원하는 직업인이 되었다고 행복이 저절로 보장되는 것도 아니지요. 현대 사회는 몇몇 소수의 직종을 제외하고는 평생 하나의 직업으로만 살지도 않습니다. 무엇보다 미래를 향한 꿈은 행동하게 하는 동기로도 그리 효과적이지 못합니다. 왜냐하면 도파민은 먼 미래의 욕망으로는 자극되지 않기 때문입니다.

인간의 뇌는 본능적으로 결핍을 해소하기 위해 동기를 생성하고, 목표를 설정하며, 행동을 촉진합니다. 지나친 결핍은 스트레스와 좌절감을 유발하지만, 적절한 결핍은 강한 목표 의식을 형성하고 동기를 극대화하는 원동력이 됩니다.

도파민은 보상과 동기를 조절하는 핵심 신경전달물질입니다. 결핍이 발생하면 뇌는 도파민 시스템을 활성화해 목표를 설정하도록 합니다. 목표를 달성할 가능성이 보이면 도파민이 지속적으로 분비되면서 행동을 촉진합니다. 작은 성취를 경험하면 도파민이 더욱 증가하여 추가적인 목표 설정을 유도합니다. 이처럼 당장의 목표를 향한 돌진과 보상에 대한 기대심리가 도파민 분비를 촉진합니다.

결핍은 창의성도 깨웁니다. 모든 게 충분한 상태에서는 새로운 해결책을 찾지 않습니다. 부족하기에 새로운 해결책을 찾는 것이죠. 도파민은 먼 미래의 꿈이 아니라 눈앞의 목표에 의해 자극받으므로, 꿈은 동기를 부여하는 데 그리 유용한 수단이 아닙니다.

동기와 결핍감

내 아이가 꿈이 없다는 것에 실망하거나 꿈을 만들어주려고 서두를 이유가 없습니다. 꿈이 없는 것보다는 있는 것이 낫겠지만, 지금 아이를 열심히 노력하게 만드는 원동력은 꿈이라는 거창한 욕망과는 별로 관계가 없기 때문입니다. 행복감, 만족감, 성취감, 안정감 등을 선물해 주는 긍정적 신경전달물질을 많이 분비하게 하려면 단기간에 이룰 작은 목표를 세우고, 이를 이룰 수 있다는 기대심리를 끊임없이 자극하고, 그걸 이루었을 때 적절한 보상이 주어져야 합니다.

'천 리 길도 한 걸음부터.'란 속담이 있지요. 아무리 거대한 목표라도 결국 한 걸음에서 시작한다는 말입니다. 그리고 천 리를 걸어가려면 한 걸음씩 내디뎌야 합니다. 히말라야 높은 산을 오르는 산악인도 한 걸음씩 걸어서 정상에 섭니다. 그러니 꿈이라는 거창한 욕망을 심어주려 하지 말고, 지금 당장 뇌에서 동기를 자극할 수 있는 도파민과 세로토닌이 충분히 분비되는 상황을 만드는 데 초점을 두세요. 또한 결핍감이야말로 강력한 동기를 유도하는 핵심 자극제임을 잊지 마시기 바랍니다.

그러므로 부모가 아이의 욕망을 모두 채워주려 하면 안 됩니다. 결핍감을 자극해야 합니다. 학원 공부를 예로 들어보죠. 요즘은 웬만하면 아이를 학원에 보냅니다. 학교에서만 배워서는 입시에서 좋은 결과를 얻을 수 없다고 생각해서 보내는 것이죠. 그런데 아이들은 배우고 싶은 지적 결핍감이 없습니다. 지적 결핍감이 없는데도 학원에 보내놓으니 투자한 만큼 효과가 나지 않습니다. 결핍감이 차오를 때 학원에 보내면 투자한 만큼, 또는 투자보다 더 큰 성과를 거둡니다. 이는 상식적인 이야기입니다. 보내달라고 할 때 보내는 게 훨씬 효과가 좋다는 건 부모들도 다 압니다. 그러나 그런 결핍감이 생길 때까지 기다릴 만한 인내심이 없어서 서둘러 보내는 것이죠. 지금 어떤 학원을 보내거나 새로운 걸 가르치고 싶다면 일단 결핍감을 조성해야 합니다. 부족함을 느끼게 해주어야 합니다.

배움은 강요로 이루어지지 않습니다. 교육이라는 뜻의 영어 단어

Education은 라틴어 educare에서 유래한 말로, '끄집어내다'란 뜻입니다. 즉 배움이 학생의 요구에서 나온다는 말입니다. 《논어》를 보면 공자와 제자의 문답이 실려 있는데, 공자는 제자가 묻지 않으면 답하지 않았습니다. 그렇지만 현재 우리의 교육은 공자가 제자를 가르치는 방식과 정반대입니다. 제자는 묻지 않는데 맨날 스승이 묻습니다. 제자가 스승에게 묻지 않는다는 것은 지식에 대한 결핍감이 없다는 뜻입니다. 지식의 결핍을 느끼지 않는데 무엇을 배울 수 있을까요?

배를 만들고 싶은 욕구가 없으면 배 만드는 법을 가르쳐줘도 쓸모가 없습니다. 배를 만들게 하려면 바다를 항해하고 싶다는 욕망, 즉 바다에 대한 결핍이 우선 형성되어야 합니다. 결핍감이 차오르면 가르쳐주지 않아도 스스로 배 만드는 법을 배우려고 시도합니다. 부족하기에 더 열심히 노력하고, 모자란 자원을 창의적으로 활용합니다. 그러니 서둘러서 가르치려 하기 전에 어떻게 하면 부족함, 결핍감을 느끼게 할지 고민해야 합니다.

여기서 주의할 점은 결핍감이 지나치게 크면 안 된다는 사실입니다. 결핍감이 과도하면 욕망이 자극되기 전에 좌절해 버립니다. 우울과 불행의 나락으로 떨어지기도 합니다. 부모들은 아이가 공부를 잘하도록 자극하기 위해 '엄친아'와 자기 자식을 비교하는 경우가 있는데, 그건 아이에게 큰 좌절감을 안겨줍니다. 다른 차원의 존재와 자신이 비교되면 동기 자체를 상실해 버립니다. 그래서 SNS가 위험합니다. 그곳에는 너무나 아름답고 행복하고 근사한 삶만 존재하기 때문입니다. 그렇게 화려하게 포장된 존재들과 비교하면 자신이 지독히도 초라하게 느껴집니다.

　SNS로 인해 청소년의 우울증이 심해지고, 자살률도 높아졌습니다. 결핍감은 동기를 형성하는 좋은 방법이지만, 매우 세심히 다뤄야 할 도구라는 사실을 잊으면 안 됩니다.

　인간이 먹는 음식과 건강에 대해서는 여러 가지 이론과 주장이 있지만 그중에서 확실하게 검증된 진리는 '소식(小食)하면 건강하게 오래 산다'는 것입니다. 적게 먹는다는 말은 영양분이 충분히 공급되지 않는다는 뜻입니다. 언뜻 생각하면 영양분이 충분히 공급되어야 건강하게 오래 살 것 같지만, 약간 부족한 상태를 만들어야 더 건강하게 오래 산다고 합니다. 그 이유는 적절한 결핍 때문입니다. 영양분이 과도하게 결핍되면 건강을 해치지만, 살짝 부족하면 인체는 생존을 위해서 최대의 효율을 찾아갑니다. 부족함을 메우기 위해 모든 시스템이 활성화됩니다. 영양분이 충분히 공급되면 몸이 그러한 노력을 할 필요를 느끼지 못합니다. 영양이 넘치면 병이 들기 쉽고, 병균이 침범해 왔을 때 제대로 저항하지 못합니다.

정신의 건강도 몸의 건강과 다르지 않습니다. 정신도 소식을 해야 합니다. 정신의 소식이 바로 결핍입니다. 적절한 결핍이 정신에 가해지면 정신을 바짝 차리고 노력하게 됩니다. 창의성을 발휘해 문제를 해결합니다. 그래서 적절한 실패가 중요합니다. 크게 실패하면 완전히 좌절해 버리지만 적당한 실패는 도전 의식을 자극합니다. 경기나 게임에서 아슬아슬하게 지면 억울해서 다음번에 더 잘하려고 기를 쓰고 노력합니다. 그러니 안전한 실패를 맛보게 하는 것은 동기 부여에 무척 좋습니다. 정신의 결핍. 뇌 건강을 지키는 핵심 비법입니다.

아침의 뇌를 업그레이드하자

뇌과학 책을 읽으면서 저는 인간의 신비가 한 꺼풀씩 벗겨지는 놀라움을 맛봅니다. 인간의 뇌가 예측 기계이며, 뇌의 주된 임무는 시뮬레이션이고, 느낌이 고도의 정신작용이라는 등의 뇌과학 지식을 접할 때면 전율이 흐릅니다. 제가 만나는 학생들에게도 틈만 나면 제가 읽은 책에 나오는 뇌과학 지식을 풀어놓았습니다. 학생들에게 설명하다 보니 뇌과학을 공부와 연결 짓게 되는 경우가 많았습니다. 공부는 뇌로 하는 작업이니 뇌과학과 공부가 자연스럽게 연결된 것이죠.

저는 뇌과학이 재미있어서 기회가 닿으면 관련된 책을 읽는 독서가입니다. 뇌과학으로 찾아낸 뇌의 비밀을 바탕으로 공부 머리를 향상하는 방법을 꼼꼼하게 정리해 보겠다는 결심으로 이 책을 썼습니다. 그런데 책을 다 쓰고 보니 기존에 우리가 익히 알던 방법이 왜 타당한지 '검증'한 듯한 느낌이 듭니다. 공부에 대해 인간이 오랜 경험으로 이미 알고 있던 진리를 뇌과학으로 다시 확인한 듯합니다. 이 책을 쓰며 오래된 진리의 힘을 다시금 확인합니다.

본문에서는 다루지 못했는데, 공부와 관련해 사소해 보이지만 중요한 점을 하나만 덧붙이고 책을 마무리하고자 합니다.

학생들이 주로 공부하는 시간은 늦은 오후에서 저녁까지 이어집니다. 한밤중에 공부하는 경우도 많지요. 학원과 과외, 숙제와 복습이 그 시간에 이루어집니다. 그래서 아이들을 보면 대개 아침에는 비몽사몽이고 집중력이 떨어져 있습니다. 그러다 시간이 흐르면서 점점 집중력이 올라가고 저녁 시간에 초집중 상태가 됩니다.

그런데 학교 시험은 언제 보죠? 오전에 봅니다. 인생의 중요한 경로를 결정하는 시험은 언제 보나요? 오전에 봅니다. 수능은 아침 9시가 되기도 전에 시작합니다. 학생들의 뇌가 최적으로 활성화되는 시간은 늦은 오후부터인데, 시험은 오전에 본다는 점에 주목해야 합니다.

우리 몸은 특정 시간에 그 일을 반복하면 그 시간에 맞추어 최적화됩니다. 자연스럽게 몸이 거기에 적응이 되어 작동합니다. 처음에는 이른 출근이 힘들던 사람도 오랫동안 반복하면 생체리듬이 자연스럽게 거기에 맞춰집니다. 늦은 오후가 돼서야 뇌가 학습에 최적화되고, 시험을 보는 시간에는 비몽사몽인 상태가 오랫동안 지속되었다면 시험 때 공부한 만큼 실력을 발휘할 수 없습니다. 시험을 잘 보려면 아침 시간에 뇌가 최상의 상태여야 합니다.

아침에 뇌를 깨우는 방법 중에는 '아침 독서'가 있습니다. 아침에 일어나서 일과를 시작하기 전에 책을 읽는 것이죠. 아침 독서를 하면 뇌가 부드럽게 깨어납니다. 학습 효율도 올라가고, 정서도 안정이 됩니다. 아침 독서의 효과는 이미 충분히 검증되었습니다. 그러나 안타깝게도 교육 현장이나 가정에서는 이를 제대로 실천하고 있지 못합니다. 안타까운 일입니다. 본문에서 설명했듯이 운동도 뇌를 깨우는 좋은 방법입니다. 그리고 당연하지만 아침에 뇌를 맑게 만드는 필수 조건은 숙면입니다.

* * *

저는 뇌과학 전문가가 아니라 책을 통해 뇌과학을 접한 아마추어 독서가일 뿐입니다. 따라서 이 책에서 뇌과학의 전문적인 지식에 대한 설명이 미흡하거나 잘못된 점이 있다면 전적으로 저의 부족함 때문입니다.

이 책의 핵심 메시지는 '뇌의 특성에 맞춰서 뇌를 쓰고 아이를 기르자'는 것입니다. 뇌과학이 밝힌 지식을 지식으로만 묻어두지 말고, 가정의 육아와 사회의 교육에서 적극적으로 활용하기를 바라는 마음으로 이 책을 세상에 내놓습니다.

공부
머리